RÉALISE TON RÊVE

Michel Bélanger Sylvain Guimond

RÉALISE TON RÊVE

THIERRY SOUCCAR ÉDITIONS

RÉALISE TON RÊVE

Révision et correction des textes
Florence Buathier

Conception graphique, direction artistique
et coordination technique
Claude Janet

Infographie
Brigitte Ayotte (Ayograph)

Relecture des épreuves
Diane Bronsard

Illustration
Florence Lavoie-Côté

Dépôt légal :
2e trimestre 2015
ISBN 978-2-36549-137-2

Impression
France Quercy – Mercuès (France) - N° 50347/

Édition originale :
Le Coach Invisible - Et tout devient possible... ©lazonevente.com, 2014

À Aube Bélanger,

Anne Guimond et

Vincent Guimond,

Ainsi qu'à tous les beaux jeunes gens de votre génération qui ont toute la vie devant eux pour réaliser leurs rêves.

Saisissez votre chance !

REMERCIEMENTS

Nous tenons à remercier chaleureusement Florence Buathier et Claude Janet pour l'aide qu'ils ont apportée à la conception, à la mise en page et à la révision de ce livre, ainsi que Johanne Royer et son équipe pour la réalisation de la couverture.

Merci à Ariane Cloutier, Jessica Dubé, Gabriel Filippi, Vincent Larivée, Léon-Maurice Lavoie, Pierre Lavoie, Ginette Reno et Elia Saikaly, d'avoir si gentiment accepté de nous accorder une entrevue pour le bénéfice de nos lecteurs. Vous êtes tous de véritables champions !

Merci également à nos collaborateurs Diane Bronsard, Manon Fillion, Pascale Lortie, Léon-Maurice Lavoie, Rachel Piché et Lucie Tremblay, sans oublier bien sûr, Nicole Bronsard pour son soutien indéfectible.

Nous remercions à l'avance toutes celles qui liront ce livre de bien vouloir accepter l'usage du masculin comme genre neutre afin d'en faciliter la lecture.

« Décider ce qu'on veut et travailler à l'atteindre est un mode de vie exceptionnel ; c'est ce qui rend la vie tellement plus excitante ! »

– Michel Bélanger

PRÉFACE DE MICHEL BÉLANGER

Tiens, diront certains, un autre livre sur la motivation. Pourquoi pas ? Connais-tu plusieurs personnes qui réussissent dans tous les domaines de leur vie ? Combien mènent leur vie comme ils l'entendent ? Et qui peut prétendre qu'il ne peut plus s'améliorer ?

La plupart sous-estiment leurs capacités. Par exemple, ça t'est déjà arrivé d'avoir une idée géniale, de rêver à un projet que tu aurais aimé entreprendre, mais que tu as finalement laissé tomber ? Pourquoi ? Par manque de conviction ? De moyens ? De confiance ? Et pendant plusieurs années, n'as-tu pas continué à penser à ce que ta vie aurait pu être si tu avais démarré ce fameux projet. Il n'est jamais trop tard ! Si tu veux toujours réussir, je suis convaincu que le *Coach Invisible* peut t'aider.

J'aurais tellement aimé avoir un coach, à mes débuts, en 1970, alors que je sortais diplômé de HEC avec une licence en marketing... mais aucune idée de ce qui m'attendait dans cette carrière de vendeur que je devais exercer par la suite. J'avais la volonté, mais il me manquait plusieurs éléments et malheureusement, le coaching n'existait pas à cette époque.

Aujourd'hui, quand je vois toutes les possibilités qu'il offre, je me dis que j'aurais bien aimé profiter des conseils et du soutien d'un coach : j'aurais aimé qu'il m'aide dès le départ à prendre conscience de mes forces et de mes possibilités et aussi, du pouvoir que j'avais de bâtir mon avenir en fonction de cellesci. J'aurais aimé qu'il m'aide à me rendre compte que j'avais tout, absolument tout ce qu'il fallait pour me réaliser : le talent, le courage, l'audace et l'attitude !

J'aurais aimé qu'il m'aide à définir mes buts, et à concevoir un bon plan de match pour les réaliser. J'aurais aussi aimé qu'il m'aide à clarifier la confusion que j'entretenais entre ce que je voulais faire, ce que je devais faire, et ce que je faisais effectivement. Mais plus que tout, j'aurais apprécié qu'il soit exigeant envers moi et qu'il n'hésite pas à me mettre au pied du mur : « Tu fais cela, ou bien on arrête tout de suite ! » Il est tellement facile de mettre ses activités de côté lorsqu'on n'a de comptes à rendre à personne.

Faute d'un coach, je me suis rabattu sur la lecture. Sans celle-ci, je me demande bien où j'en serais aujourd'hui. La lecture de bons livres positifs m'a toujours soutenu. C'est d'ailleurs une des raisons pour lesquelles Sylvain et moi avons décidé d'écrire ce livre. Mais en réalité, c'est beaucoup plus qu'un livre. Nous y avons ajouté de nombreux exercices et aussi, des tonnes de questions pour faciliter ta réflexion.

Un coach, ça pose toujours beaucoup de questions. Et je suis convaincu que comme la plupart, tu connais probablement la majorité des réponses. Mais ces questions, on hésite à se les poser soi-même. Aurait-on peur de constater tout ce potentiel, toutes ces ressources dont nous disposons et qui se terrent au plus profond de notre être ?

Je t'invite à réfléchir à chacune des questions de ce livre. Elles te permettront certainement d'agrandir le champ de tes possibilités et aussi, de découvrir ce pouvoir que tu possèdes de façonner ton avenir et de choisir la façon dont tu entends mener ta vie.

Positivement,

Michel Bélanger

PRÉFACE DE SYLVAIN GUIMOND

Depuis plusieurs années, je m'investis auprès de nombreuses équipes professionnelles de hockey. J'ai eu la chance de collaborer avec les meilleurs joueurs au monde et avec les entraîneurs les plus compétents. Si j'ai pu les aider à certains égards, j'en ai aussi beaucoup appris sur le cheminement qu'un individu doit faire pour poursuivre ses rêves. Comment devient-on un des meilleurs au monde dans son domaine d'activité ? Est-ce seulement une question de talent ?

Oui, il faut du talent, et je suis persuadé que du talent, tu en possèdes beaucoup toi aussi, mais ça prend autre chose. Plusieurs choses. C'est ce que le *Coach Invisible* va te révéler : il faut avant tout avoir la passion, la motivation et surtout, la bonne attitude. Il faut savoir définir ses buts, bâtir son plan d'action et agir sur celui-ci. Ce n'est pas tout : il faut aussi apprendre à gérer son stress et à faire face à l'adversité, il faut s'entraîner, il faut bien s'alimenter et, par-dessus tout, il faut persister !

J'ai découvert que ceux qui réussissent ne laissent rien au hasard pour s'assurer d'être les meilleurs dans leur domaine et pour continuer de l'être. Ils savent ce qu'ils veulent et ils prennent tous les moyens à leur disposition pour y arriver. Alors, toi, que veux-tu vraiment ? Que désires-tu dans le secret de ton cœur ? Tu as sûrement un rêve ? Quel est-il ?

À l'aide de ce livre, tu pourras l'identifier clairement. Ton rêve t'appartient, et c'est à toi de le faire jaillir de ton inconscient. À moins que tu ne l'aies déjà découvert et que, par manque de confiance en toi ou parce que tu le croyais irréalisable, tu n'aies décidé de l'oublier. Je t'avise que tous les rêves sont réalisables. Cherche le tien, et dès que tu le trouveras, prends l'engagement de le matérialiser. Je t'assure que tu vivras la plus formidable aventure de ta vie !

Amicalement,

Sylvain Guimond

TABLE DES MATIÈRES

*« Le plus vrai d'un individu,
c'est son possible. »*

– Paul Valéry

*« On peut toujours plus que
ce que l'on croit pouvoir. »*

– Philippe Kessel

*« La vie est une aventure
audacieuse ou elle n'est rien. »*

– Helen Keller

INTRODUCTION

Ce livre est écrit spécialement pour toi. Pour t'ouvrir de nouvelles perspectives, pour te permettre de développer au maximum tes possibilités, d'exploiter tes nombreux talents et de réaliser tes rêves les plus fous. Je suis ton *COACH INVISIBLE* ! Mon intention est claire et je ferai tout ce qui est en mon pouvoir pour que tu prennes conscience de tes forces, de tes habiletés, de toutes les ressources que tu possèdes et du formidable pouvoir d'agir que tu détiens.

Je t'aiderai à prendre les décisions et à faire les choix qui s'imposent, à mettre sur papier le projet de vie ou la carrière dont tu rêves depuis longtemps, à établir ta stratégie, à concocter un plan de match où rien ne sera laissé au hasard, et par-dessus tout, à détecter et apprendre à surmonter les nombreux obstacles et toutes les embûches qui pourraient se dresser sur ton chemin. Je veux que tu réussisses !... et je te garantis que si tu te donnes à fond et que tu tiens tes engagements, tu réussiras ! Avec mon soutien, tu ne seras plus jamais seul !

Prends garde cependant car je suis terriblement exigeant. Dans les jours qui suivent, je vais te défier de trouver un projet qui te fait vibrer, un projet qui te passionne. Que celui-ci consiste à lancer un nouveau produit, un logiciel ou à fonder une entreprise, une garderie ou une coopérative, qu'il s'agisse de t'engager dans une carrière politique, économique, légale, artistique, scientifique, sportive, littéraire ou humanitaire, ou encore, d'améliorer tes performances physiques, créatives, intellectuelles ou commerciales, je vais te défier de laisser tomber toute occupation qui n'est pas reliée à ce projet, afin que tu puisses y consacrer toutes tes énergies.

Je vais te défier de t'engager à 100 %. C'est la seule façon d'exprimer tout le potentiel que tu possèdes et de surpasser les limites que tu t'imposes inconsciemment. Si tu doutes de tes capacités, tu fais fausse route. Ton potentiel, c'est beaucoup plus que ce que tu as réalisé jusqu'à présent. Ta vie ne fait que commencer et ce livre pourrait très bien être le point tournant qui fera basculer celle-ci vers l'avant.

Ce pourrait être un point tournant entre un casse-tête compliqué à résoudre et une aventure fabuleuse et passionnante. Un point tournant entre une petite vie tranquille et bien ordinaire, et une vie exaltante, grisante et palpitante. Tout dépend de toi. C'est à toi de choisir le style de vie que tu désires mener et mon premier objectif est de porter ce choix au niveau de ta conscience. De te placer face à la décision que tu devras prendre à l'égard de ce choix. De t'apprendre aussi à identifier tous les facteurs, tous les éléments qui te retiennent et qui actuellement t'empêchent de réussir et de devenir celui que tu vois secrètement dans tes rêves.

Je suis persuadé que tu seras d'accord avec moi pour ce qui concerne la majorité des idées de ce livre car, en réalité, ce que je désire plus que tout, c'est de te stimuler à réaliser les objectifs qui te tiennent à cœur, et je ne vais sûrement pas essayer de te compliquer la tâche. Bien entendu, je suis conscient que les gens n'en sont pas tous au même point de leur évolution. Chaque personne est unique et chaque métier exige des critères particuliers et comporte des défis qui lui sont propres.

Si certains principes et concepts te paraîtront remplis de bon sens, d'autres, j'en conviens, pourront te sembler superflus ou ne pas s'appliquer à ta situation. Mais je persiste à penser qu'il est toujours utile de réfléchir à certains principes de base, et qu'avant d'en rejeter un, tu ferais bien d'y penser une autre fois, d'être honnête avec toi-même et de t'évaluer sérieusement par rapport à l'utilisation que tu as faite de ce principe jusqu'à aujourd'hui, et comment tu pourrais, si ce n'est déjà fait, l'adapter à ton avantage.

J'aimerais aussi attirer ton attention sur le fait que, lorsque les choses vont bien, certaines idées peuvent sembler moins appropriées, mais ne les exclus pas trop rapidement. Elles pourraient se révéler salutaires et t'aider à maintenir le cap si jamais le vent tournait, qu'une tempête se levait soudainement, déclenchant une série d'obstacles ou de difficultés qui pourraient te paraître insurmontables ou qui risqueraient à tout le moins de te faire perdre de vue tes objectifs.

La plupart de ces idées sont simples. Rien de vraiment compliqué. Cependant elles pourraient changer ta vie. En réalité, ces idées bouleverseront ta vie si tu prends la décision de les mettre en application. « *Use it or loose it* », dit l'adage. Tu les utilises ou tu les perds. Ce qui est indéniable, c'est que la somme de ces idées, si tu les appliques, modifiera en permanence quelques-unes de tes croyances à propos de ton potentiel, de tes possibilités et de ta façon d'envisager l'avenir.

Au fil des huit entretiens que contient ce livre, je te ferai part des expériences de quelques personnalités sportives et artistiques que j'ai interviewées spécialement pour illustrer mes propos. Je les ai choisies d'abord parce que je connais personnellement plusieurs d'entre elles et qu'il est fort probable que tu les connaisses également, et aussi parce que les gens adorent s'identifier à un athlète et suivre son parcours. Ils s'inspirent de sa folle équipée, la longue préparation, l'entraînement, les épreuves, les rêves, les difficultés, sans oublier la transformation qu'il expérimente en menant son projet à terme, les points tournants de sa carrière, le courage, l'audace, l'exaltation, toutes ces émotions que vit l'athlète et qui, je l'espère, te captiveront et te stimuleront à te retrousser les manches et à faire face avec confiance à tes propres défis.

J'ai l'intention de construire avec toi une relation à long terme et d'être là, avec toi, quand ça ira bien, mais aussi quand ça ira un peu moins bien, quand l'échec te rira en pleine face, quand l'adversité se présentera et que tu auras le goût de démissionner, d'abandonner et de tout lâcher. Tu peux compter sur moi !... Je ne te laisserai jamais tomber !

Avant d'attaquer le premier entretien, je tiens à te faire une recommandation capitale pour la réussite de notre programme de coaching. Un coaching ne peut réussir que si l'on est deux : TOI et moi. J'ai certes un rôle à jouer, mais tu as une responsabilité encore plus grande que la mienne : c'est toi qui auras à prendre la décision de mettre en application les idées qui vont ressortir de chacun de nos entretiens.

Certaines décisions que je vais porter à ton attention te sembleront peut-être difficiles à prendre parce qu'elles exigeront quelques changements dans ta façon de faire et qu'elles te demanderont beaucoup de discipline. Mais c'est dans ces moments, face à ces décisions, que tu vas réaliser le rôle incroyable qui te revient dans la planification, l'exécution et la réussite de tes projets. La vedette, c'est toi. Tu es l'acteur principal de ce livre. Attends-toi à vivre l'expérience la plus stimulante de ta vie, parce que c'est toi qui en es le héros !

Il est donc tout à fait normal que tu aies certains devoirs à faire, que tu collabores à ce coaching, que tu t'impliques au maximum. Il faut absolument que tu t'organises pour noter tes observations, tes réflexions et toutes les idées qui vont jaillir suite aux nombreuses questions que je vais soumettre à ton intention tout au long de nos entretiens. Bien sûr, il ne s'agira pas de répondre à chacune de ces questions, mais de t'en servir pour réexaminer ta vie et la façon dont tu envisages ton avenir.

Voici donc une dernière recommandation de la plus haute importance : procure-toi un cahier de notes, style Hilroy, et sur la première page, inscris simplement ton nom, la date d'aujourd'hui – c'est un moment hyper-important pour ton avenir – et au centre de cette page, inscris ce titre : ENTRETIENS AVEC MON COACH.

Voici ton premier exercice. Focalise ta pensée sur les questions qui suivent et écris tes réflexions dans ton *Cahier d'entretiens*.

- Est-ce qu'en ce moment je peux affirmer que je réussis ?

- Est-ce que je réussis au-delà de mes espérances ?
- Est-ce que je pense sincèrement qu'il m'est possible de faire mieux ? d'accomplir plus ? de réaliser plus ?
- Est-ce que je suis prêt à me lancer des défis plus grands que tous ceux que j'ai relevés jusqu'à présent ?
- Est-ce que j'ai pleinement confiance en mes talents, en mes habiletés et en mes possibilités ?
- Est-ce que je suis prêt à m'évaluer sérieusement et à changer ce qu'il faut changer ?
- Est-ce que je crois en l'avenir ? à une vie bien remplie ?
- Qu'est-ce qui me rend le plus heureux dans la vie ? Est-ce que je sais vraiment ce que je veux ?
- Est-ce que je suis prêt à prendre le temps qu'il faut pour définir mes buts et à faire ce qu'il faut pour les atteindre ?

Ce livre concerne ton avenir. Ta progression… ou ta décroissance. Ta motivation… ou ton désintéressement. Ta réussite… ou ton insuccès. C'est à toi de choisir !... et d'agir !... Comme nous le verrons.

Bonne lecture !

Ton Coach invisible

ENTRETIEN 1

RÉUSSIR OU NE PAS RÉUSSIR !

« *La réussite, comme le bonheur, n'est ni un don du ciel ni une chance, mais elle se construit.* »

– Giuseppe Verdi

« *Car la vie n'est qu'un bien perdu, quand on n'a pas vécu comme on l'aurait voulu.* »

– Ernest Hemingway

« *Je marche vers mon but, je suis ma route ; je sauterai par-dessus les hésitants et les retardataires.* »

– Friedrich Nietzsche

ENTRETIEN 1

RÉUSSIR OU NE PAS RÉUSSIR !

Que signifie réussir ? Comme c'est le sujet de ce livre et que mon seul objectif est de t'aider à réussir, il vaut sûrement la peine de s'attarder quelque peu à ce qu'on entend par la réussite. Je suis d'avis que notre société accorde beaucoup trop d'importance à l'aspect instantané de certaines réussites et qu'on associe à outrance la réussite à l'argent. L'accumulation de biens n'est pas un mal en soi, mais il ne faut pas négliger l'aspect social de la réussite, particulièrement son côté réalisation personnelle et actualisation de soi.

Antidote définit la réussite comme le résultat favorable de quelque chose, par exemple, un projet qu'on exécute avec succès. Pour réussir, il s'agit donc de se fixer un but et d'amener celui-ci jusqu'à sa réalisation. En ce qui me concerne, réussir, c'est tout simplement accomplir un de ses rêves.

La réussite n'est ni un privilège ni une position dans la vie. Elle ne se présente pas sur un plateau d'argent. C'est plutôt la réalisation progressive d'un but qui nous tient à cœur. Un rêve qu'on a appris à transformer en projet et qu'on a su mener à l'aide d'un bon plan de match et à coup d'efforts, de discipline, de travail acharné, de courage et de détermination, jusqu'à sa matérialisation.

La réussite n'est pas un phénomène stationnaire, figé dans le temps. Elle est progressive. Elle évolue. Tu ne pourras jamais dire *«J'ai réussi»*. Bien sûr, tu pourras t'exclamer que tu as réussi un projet, puis un autre, puis un autre encore. Mais après chaque réussite, tu devras penser à un autre projet qui te permettra de solliciter davantage tes talents, tes connaissances et tes habiletés. La réussite, ce n'est pas un but en soi. C'est une démarche. Une démarche progressive vers l'actualisation de l'incroyable potentiel que tu possèdes.

Tous les gens devraient être en mesure de réussir!... Ça semble tellement simple: il n'y a qu'à se donner un but et se mettre à travailler sans relâche jusqu'à sa réalisation, n'est-ce pas? Définir ce que l'on veut, c'est la première étape. Mais combien ne se sont encore jamais fixé un véritable objectif? Combien essaient plutôt de ne rien faire, en espérant que quelque chose va finir par leur arriver? Pourtant, la plupart des gens rêvent d'avoir plus, de posséder plus, de gagner plus, d'être plus! Ce qu'ils n'ont pas appris, c'est comment actualiser leurs rêves, comment transformer chacun de ceux-ci en projet et comment faire un plan d'action qui assurera sa réalisation.

Je vais beaucoup insister dans ce coaching sur l'importance de te fixer des buts, plusieurs buts, et surtout, de définir parmi ceux-ci le projet que tu considères le plus important, celui que tu aimerais réaliser pardessus tout. Je vais beaucoup insister parce que cette façon d'agir correspond à ma définition du coaching:

AIDER UNE PERSONNE À RÉALISER UN OBJECTIF QUI, ACTUELLEMENT, LUI PARAÎT HORS DE PORTÉE.

À quoi rêves-tu ? Y a-t-il un rêve qui occupe souvent tes pensées, un rêve que tu caresses et qui t'enthousiasme dès que tu te mets à y songer, mais qui te semble présentement impossible à réaliser ? Réfléchis. Il y en a sûrement un qui se cache au fond de tes pensées. Si tu peux faire cette partie du travail, si tu peux faire sortir ce rêve de ton inconscient, si tu peux choisir la destination, je peux, sans le moindre doute, t'aider à t'y rendre. Mais si tu ne sais pas vraiment ce que tu cherches, si tu n'es pas prêt à t'arrêter et à réfléchir sérieusement à ce que tu veux dans la vie, je ne pourrai malheureusement rien faire pour toi.

Mène ta vie à ta manière

Mon objectif, ce n'est pas de te dire quoi faire de ta vie. Ça ne me regarde pas. Ça ne concerne que toi. D'ailleurs, une des meilleures définitions de la réussite que j'ai lues est celle de Christopher Morley : *« Il n'y a qu'un seul succès : mener sa vie à sa manière »*. Voilà un objectif que tu pourrais te donner : mener ta vie comme tu l'entends. Ce qui n'est pas peu dire. Décider toi-même ce que tu entends réaliser et comment tu vas t'y prendre ; oser faire les choses différemment ; être totalement maître de ton temps : choisir les journées où tu ne vas te consacrer qu'à tes projets et celles où tu ne penseras qu'à toi, à tes loisirs ou à ta famille. Ne penses-tu pas que c'est un mode de vie stimulant que je te propose ici ? Un mode de vie génial, ambitieux et dynamisant qui n'attend, pour se manifester, qu'un signal de ta part.

Réussir, c'est correct ! Ça fait partie de ton essence. Mais tu n'en es peut-être pas encore conscient. Peut-être que tu penses que la réussite, ce n'est pas pour toi. Peut-être aussi que certains facteurs, comme nous le verrons, t'empêchent de prendre pleinement conscience de ton potentiel et de tes possibilités, t'empêchent de voir qu'au fond de toi sommeille un être beaucoup plus grand, plus formidable et plus créatif que tu ne le penses.

Peut-être préfères-tu demeurer dans ce qu'il est convenu de nommer la zone de confort, cet espace où une personne se sent à l'abri, sans rien qui ne vienne troubler sa quiétude ? Mais si tu refuses de sortir de cette zone, tu n'évolueras jamais ! Tu n'apprendras rien de plus que ce que tu sais présentement.

Bien sûr, en te risquant hors de cette zone, tu te lanceras dans l'inconnu, où tu devras sûrement faire face à des défis, à des difficultés. Ne t'en fais pas, je vais t'apprendre à ne pas tourner le dos à l'adversité ! Je vais t'apprendre non seulement à apprécier les difficultés, mais à les accueillir, parce que c'est dans ces situations, face à de nouveaux défis, que tu vas faire la rencontre de ton vrai Moi ; que tu vas faire connaissance avec les forces que tu possèdes, cette énergie démesurée, ces prodigieux pouvoirs dont tu ne soupçonnes peut-être pas encore l'existence.

Je vais t'apprendre à te faire confiance et à prendre des risques plutôt que de rester là, accroché à ce que tu connais, à ce qui te paraît peut-être plus rassurant, mais ne fait que te maintenir au même niveau de ton cheminement, te condamnant ainsi à ne jamais découvrir ni exploiter tes formidables possibilités. Pour passer au prochain niveau, il faut d'abord que tu apprennes à franchir les limites que tu t'imposes !

Tu verras qu'il ne tient qu'à toi de changer tes perceptions, de bousculer tes blocages, de te libérer de tes appréhensions, de tes fausses croyances, de toutes ces entraves qui freinent tes élans, mais qui bientôt n'auront plus aucun effet sur toi. Tu constateras que c'est à toi de prendre en charge ton développement personnel, d'avoir confiance en tes capacités pour enfin mener ta vie comme tu l'entends et devenir celui que tu es *réellement* !

Réalise ton potentiel

Plusieurs personnes ont eu la chance dans leur vie de rencontrer des êtres qui les ont inspirées. Des êtres, mais aussi des circonstances, des situations et parfois même des difficultés, des embûches qui leur ont permis de découvrir leurs véritables forces. Si tu n'as pas encore eu cette chance, j'espère que je serai celui qui t'aidera à sortir de l'ombre, à briser les résistances qui t'empêchent actuellement de te réaliser et à te mettre sur la piste qui t'offrira enfin la possibilité d'aller au bout de toi-même.

Ce que tu as fait jusqu'à présent, ce n'est rien comparé à ce que tu peux accomplir lorsque tu prends vraiment conscience de tous tes pouvoirs, de tes étonnantes habiletés et de cette possibilité que tu as de façonner ton avenir plutôt que de laisser les circonstances et tes expériences passées décider de ce que tu feras et de ce que tu seras. La devise de Loto-Québec « *Un jour ce sera ton tour* » est une supercherie. Un jour n'arrive jamais. Le seul jour qui compte, c'est aujourd'hui ! Aujourd'hui, c'est ton tour. Aujourd'hui, c'est à toi de décider ce que tu veux dans l'avenir, de considérer tes rêves et de choisir de les matérialiser. Ne laisse surtout pas ce privilège à un organisme chargé de lever des fonds pour le Gouvernement.

Cesse d'attendre qu'un événement se produise. Cesse de rêver qu'une occasion, comme par miracle, survienne, ou d'espérer gagner à la loterie. N'attends plus !... Le GROS LOT, c'est TOI !... L'avenir t'appartient ! Regarde tout ce temps dont tu disposes pour réaliser le formidable potentiel que tu possèdes. Ce potentiel, il découle de nombreux facteurs et il serait difficile de déterminer la contribution exacte de chacun : tes talents, tes aptitudes, ta créativité, ton savoir-faire, ta personnalité, ton éducation et ton caractère comptent pour beaucoup, mais il ne faut pas oublier ton attitude envers la vie, ton niveau de confiance en soi, le désir que tu possèdes de découvrir ce potentiel et l'envie que tu as de l'exprimer.

Si tu crois que toi, tu n'as aucun potentiel, tu te trompes royalement. Tous les gens possèdent un potentiel inouï. Tous ont beaucoup plus de talents et d'habiletés qu'ils ne croient et que ce que démontre leur niveau d'accomplissement actuel. J'ajoute cependant que ce ne sont pas toujours ceux qui possèdent le plus de potentiel qui l'exploitent le mieux, qu'il ne te suffit pas de pouvoir compter sur des talents et sur des habiletés bien au-dessus de la moyenne. Il faut que tu les mettes en valeur. Que tu choisisses de réussir.

« Être ou ne pas être ! » clamait le héros de Shakespeare. Utiliser ou ignorer tes talents !... Te réaliser ou te conformer !... RÉUSSIR OU NE PAS RÉUSSIR !... Voilà le vrai choix que tu te dois d'exercer, absolument, et le plus tôt sera le mieux. La réussite est un choix !

Je te défie de réussir !

Personne ne réussit par hasard. Ou alors, ce n'est pas vraiment une réussite. La réussite, c'est un choix que tu fais, et non quelque chose qui t'arrive ou que tu espères. Tu ne peux pas simplement souhaiter réussir. Tu dois le désirer, le vouloir de tout ton être. Tu dois choisir consciemment de réussir. C'est la première décision que je te demande de prendre. La décision de choisir la réussite plutôt que l'indifférence... la réussite plutôt que l'insouciance… la réussite plutôt que le renoncement ou l'austérité.

Fais ton choix maintenant, car si tu ne choisis pas consciemment de réussir, tu devras vivre le reste de tes jours avec un véritable handicap. N'aie aucun doute là-dessus. Tu veux savoir pourquoi ? Parce que ne pas choisir de réussir, c'est choisir de ne pas réussir !

Si tu ne choisis pas consciemment de réussir, tu ne pourras jamais concurrencer ceux qui, eux, ont fait ce choix et agissent en conséquence. Si tu ne choisis pas de réussir, je peux d'ores et déjà prédire ton avenir : tu seras exactement au même point dans dix ans que celui où tu es présentement. Dans dix ans, dans vingt ans, dans trente ans !

> Je le répète et je t'exhorte à l'inscrire en lettres majuscules dans ton *Cahier d'entretiens* : NE PAS CHOISIR DE RÉUSSIR, C'EST CHOISIR DE NE PAS RÉUSSIR ! À l'inverse, choisir de réussir, c'est choisir la vie que tu imagines. C'est partir à la conquête de tes rêves les plus fous et prendre plaisir à les matérialiser. C'est vraiment le plus grand bonheur de la vie. Parles-en à quiconque a réalisé un de ses rêves. La réalisation d'un rêve est un moment d'exaltation. Mais il n'y a pas que ce moment. Il y a tout le chemin pour s'y rendre.

Lorsque tu transformes un rêve en projet, que tu te mets à l'œuvre, les heures, les jours, les mois que tu investis dans la préparation, dans l'exécution et la réalisation de ce projet sont des moments de pur bonheur dont tu te souviendras toujours. Des moments privilégiés ! Des heures, des jours, des mois qui transformeront ta personnalité et contribueront à faire de toi un être épanoui, parce que chaque action que tu fais a des conséquences et des répercussions. La réalisation de ton projet ne sera que l'aboutissement de tes efforts. Le chemin pour t'y rendre représente le véritable défi et aussi, le meilleur professeur que tu puisses espérer.

C'est en t'employant à réaliser ton projet que tu en apprendras le plus sur toi, que tu découvriras tes véritables forces, ta résilience, ton courage, ta patience, ta détermination, ta volonté et aussi, le pouvoir stupéfiant que tu possèdes d'en faire encore plus lorsque la situation l'exige ! « *C'est en forgeant que l'on devient forgeron* », dit l'adage. C'est en jouant pour gagner que tu deviens un gagnant !

Exerce ton choix, absolument !

Le statu quo, ça n'existe pas ! Ce qui ne croît pas décroît. Regarde la nature : tout est croissance. Chaque plante cherche à grandir davantage, même ces brins d'herbe qui réussissent à s'infiltrer au travers d'une toute petite fente dans l'asphalte. En revanche, ce qui cesse de croître se met aussitôt à péricliter. Tu as un choix à faire et c'est certainement le choix le plus important que tu aies eu jusqu'à maintenant. Il est facile de choisir entre deux options, deux modèles, deux couleurs, mais le choix que je te demande de faire aujourd'hui est à mille lieues de ceux-ci. Aujourd'hui, tu dois choisir entre l'espoir et la résignation. Entre l'innovation et le conformisme. Entre l'excellence et la médiocrité. Entre la liberté et l'esclavage. Es-tu prêt à faire ton choix ?

La plupart des gens négligent d'exercer leur choix. La majorité n'est même pas consciente qu'elle a un choix à faire, et en s'abstenant, elle choisit par défaut de ne pas réussir et de continuer de mener une petite vie ordinaire, une vie, comme disait Henry David Thoreau, *de désespoir tranquille*. Très peu de gens sont conscients du fait qu'eux aussi, s'ils exerçaient leur choix, pourraient jouir des fruits du paradis sur terre. Ils manquent d'imagination et surtout, de courage. Le courage de faire éclater leur vie. Le courage de choisir une vie aventureuse et exaltante plutôt qu'une vie terne, une vie résignée, sans saveur et sans espoir.

Peut-être que toi aussi, jusqu'à aujourd'hui, tu n'étais pas conscient que tu avais ce choix à faire. Tu ne t'étais probablement jamais arrêté à cela. Tu vivais ta vie, comme ça, tout simplement, sans réaliser qu'il te fallait choisir. Sans le savoir, tu te disqualifiais. Sans le savoir, tu avais déjà fait ton choix, ou plutôt ton non-choix. Si c'est toujours ce que tu désires, je peux t'assurer que c'est exactement ce que tu vas obtenir. Mais je tenais à te prévenir et à te faire prendre conscience que la décision t'appartient, que tu es tout à fait libre de choisir et surtout, qu'en t'abstenant… tu choisis !

La réussite, pourquoi pas ?

Pourquoi ne pas exercer ton choix aujourd'hui même ? Tiens-tu vraiment à ce que ta vie soit toujours telle qu'elle est présentement ? Si tu ne prends pas immédiatement la décision de réussir, ta vie va simplement continuer comme avant. Tu ne vivras jamais l'aventure incroyable de réaliser quelque chose avec les talents que tu possèdes. Tu ne feras que survivre. Tu continueras d'exister plutôt que de goûter et d'apprécier tout ce que la vie te réserve. Est-ce vraiment ce que tu désires ?

Je parie que ce n'est pas tout à fait ce que tu veux. Tu hésites ? Décide plutôt de te battre avec toute l'énergie que tu possèdes pour trouver celle que tu portes en toi !

Tu as besoin d'aide ? Prends ton *Cahier d'entretiens* et réfléchis aux questions qui suivent :

- Es-tu satisfait de ce que tu as accompli dans ta vie jusqu'à maintenant ?
- Au fait, qu'as-tu réussi jusqu'à présent ?
- As-tu déjà fait quelque chose qui dépasse ce que les gens attendent de toi ?
- As-tu déjà réalisé un exploit, établi un record de vente, créé une œuvre ou un spectacle, développé un produit, un logiciel, un jeu, une application, écrit un livre, composé une symphonie, réalisé un film ou une pièce de théâtre ?
- Es-tu seulement fier de toi ?
- Es-tu heureux dans le secteur d'activité que tu as choisi (ou que les autres ont choisi pour toi) ?
- Quel pourcentage de ton potentiel as-tu utilisé jusqu'à maintenant ?

Réfléchis. Regarde-toi objectivement. Qu'est-ce que tu vois ? Une personne en tout point pareille aux autres ? Ou un gagnant, possédant un potentiel de développement illimité ? Un jour, j'ai lu une maxime que j'ai écrite en lettres majuscules dans mon cahier de notes personnel. Je crois que l'auteur était David Schwartz : « TU N'AS QU'UN SEUL VOYAGE À FAIRE, FAIS-EN UN GRAND ».

Fais-tu actuellement un grand voyage? Voyages-tu en première classe? Sois honnête. Tu es le seul à savoir si, au moment où tu lis ces lignes, tu as atteint le niveau de réussite que tu désires. Si tu es satisfait de la vie que tu mènes, tant mieux. Ne change rien. Ce n'est pas mon but de te dire quoi faire. Tes objectifs, tes projets, ça te regarde. C'est à toi de les définir, comme nous le verrons au cours d'un autre entretien. Mon rôle, c'est de t'aider à les atteindre. Mais avant toute chose, je désire t'aider à te choisir, à te choisir volontairement, en toute connaissance de cause, pour que tu puisses enfin t'attaquer à tes rêves et réaliser tout ce qu'il y a à l'intérieur de toi.

Un acte de pouvoir

Exerce ton choix consciemment. Concentre-toi. C'est un acte de pouvoir que celui de choisir. En choisissant de réussir, tu te donnes le pouvoir de changer ta vie radicalement. Pourquoi ne pas choisir de voyager un peu plus loin, d'explorer de nouveaux domaines d'activité, de visiter des endroits où tu n'es jamais allé? Pourquoi ne pas saisir la chance qui s'offre à toi de développer à fond tes possibilités, de te réaliser et de devenir meilleur? Sur tous les plans: physique, émotionnel et intellectuel. Pas meilleur que les autres, mais meilleur que toi-même. Meilleur que tu ne l'as jamais été. Meilleur que ce que les autres attendent de toi.

À une époque où le savoir et l'information sont de plus en plus accessibles, où la technologie nous permet d'avoir accès à des programmes de développement personnel de plus en plus complets et bien documentés, pourquoi tant de gens ne vivent-ils aucun changement dans leur vie? Pourquoi y en a-t-il si peu qui réussissent? La réponse est simple: pour réussir, il faut d'abord et avant tout vouloir à tout prix réussir. Il faut le désirer par-dessus tout: être prêt à payer le prix, quel qu'il soit, et à faire les efforts requis.

L'émotion la plus forte que tu dois ressentir, c'est le désir. Le désir de réussir permet d'installer en soi la conscience de la réussite, qui crée des habitudes de succès constantes et permanentes. Pour réussir, il faut vraiment que tu le veuilles de tout ton être et t'investir à 100 %. Foncer tête baissée. Bien sûr, en évaluant les obstacles susceptibles de se dresser sur ton parcours et en apprenant à leur faire face, comme nous l'apprendrons dans un prochain entretien. Tu peux certes présumer qu'il y aura quelques difficultés. Il y en a toujours, et c'est évidemment une des raisons qui empêchent tant d'individus de se risquer sur le chemin de la réussite.

Le désir de ces individus n'est pas assez fort et leur volonté pas assez puissante. Il faut absolument que tu apprennes à fortifier ta volonté, afin d'être en mesure de la soumettre avec vigueur aux décisions que tu prendras et de poursuivre jusqu'au bout les plans d'action que tu mettras sur pied, peu importe les défis qui surgiront en cours de route.

Payer le prix

Pour exercer ta volonté, il faudra que tu sois excessivement vigilant, car parfois, c'est tous les jours que des imprévus surviendront, que des contretemps ou des ennuis tenteront de te barrer la route. C'est tous les jours qu'il te faudra recourir à ta volonté. Il te faudra être vigilant et résolu. Une fois tes décisions prises par rapport aux objectifs que tu définiras et que tu décideras d'atteindre, tu devras persister à les exécuter, à travailler sans relâche et être toujours prêt à payer le prix.

Payer le prix, ça veut dire étudier, pratiquer, t'entraîner, te perfectionner, briser ta routine, essayer une autre fois, faire l'action juste, travailler sur toi-même, sur ta discipline et sur ton attitude. Payer le prix, ça veut dire que pour réussir, tu ne peux pas faire seulement ce que tu aimes, t'attaquer aux tâches qui te plaisent et laisser les autres de côté. Tu dois faire ce qu'il faut faire, peu importe que ça te plaise ou non. Ce qui n'est pas toujours facile.

Prends l'entraînement par exemple. Ça peut devenir extrêmement répétitif. Si ton plan d'action prévoit un entraînement de trois ou quatre heures tous les jours, je suis convaincu qu'il y a des jours où tu n'en auras pas envie, des jours où tu te sentiras moins disposé à t'entraîner, mais tu devras le faire quand même et surtout, le faire comme si c'était la chose la plus excitante dans la vie. Motive-toi et attaque-toi à chaque tâche avec entrain et enthousiasme. Amuse-toi. Le prix à payer sera beaucoup plus facile à accepter.

Si tu en as assez de la vie que tu mènes actuellement, il va te falloir changer. Il est impossible de changer sa vie sans d'abord se changer soi-même. Certains changements seront certes plus difficiles à mettre en application. Tu veux un truc pour que ces changements te paraissent toujours plus faciles ? Ne dis plus jamais : *« je dois »*. Remplace cette affirmation par : *« j'ai pris la décision de... »*. Par exemple, *« je dois m'entraîner un minimum de trois heures par jour »* représente une décision beaucoup plus difficile à prendre que celle-ci : *« j'ai pris la décision de m'entraîner trois heures par jour »*.

Prends ta décision et GO !

Apprends à décider et plus rien ne pourra t'arrêter. Ta vie se dessine chaque fois que tu prends une décision. En fait, ton parcours est régi comme celui d'un ordinateur. Chaque fois que tu prends une décision, tu as le choix entre le un et le zéro. Une direction ou l'autre. Laquelle choisis-tu ?

À partir d'une porte que l'on ouvre, deux autres possibilités s'offrent à nous. Tu ne sauras jamais ce qui se serait passé dans ta vie si tu avais opté pour l'autre possibilité. C'est malheureux, mais la plupart des gens ne sauront jamais quel genre de personnes ils seraient devenus s'ils avaient simplement décidé d'ouvrir la porte de la réussite.

Entre un stimulus et sa réponse, il y a la décision. C'est dans ce moment de décision que ta destinée se dessine, que ta personnalité se transforme. Dès que tu prends ta décision, ta vie se met à changer. Ferme l'autre porte ! Bloque l'alternative zéro ! La première décision que tu as prise – j'ose espérer que c'est déjà fait –, c'est de choisir de réussir. La deuxième décision que je te demande de prendre maintenant, c'est celle-ci : à partir d'aujourd'hui, ta réussite ne dépendra plus que de toi-même ! De tes choix, de ta détermination et de tes efforts.

> Tu peux l'écrire dans ton *Cahier d'entretiens* :
> À PARTIR D'AUJOURD'HUI, MA RÉUSSITE NE DÉPENDRA QUE DE MOI !

Chaque fois que tu reliras tes notes, ces mots te parleront. Ils te rappelleront constamment ta décision. Tu te rendras compte rapidement que cette décision a une influence considérable sur ton comportement, sur ton attitude, sur ton intensité, sur ton efficacité et pardessus tout, sur ton rendement.

Puisque tu as choisi de réussir, je vais définitivement pouvoir t'aider à voir d'autres possibilités que celles que tu considérais jusqu'ici, d'autres options, d'autres alternatives à la vie que tu mènes actuellement. Je vais t'aider à passer de la résignation à l'action. De la résistance à l'engagement. Tu vas transformer ta vie, choisir le style que tu désires et vivre enfin comme tu l'entends.

Je t'assure que la vision que tu auras de ce qui se pointe pour toi à l'horizon sera définitivement plus excitante. L'avenir te paraîtra beaucoup plus captivant, à plus forte raison si c'est toi qui l'imagines, toi qui le crées et toi qui t'acharnes à le réaliser. Plus tu réussiras, plus tu auras le privilège de choisir à nouveau ce que tu entends réaliser. La première conséquence de la réussite est une réussite de plus en plus marquée, car chaque petite réussite accroît ton niveau de confiance et te prépare mentalement à affronter des défis toujours plus grands. C'est ça la liberté dans le siècle où l'on vit. Je ne sais pas comment ce sera plus tard, mais pour le moment, c'est comme ça et pas autrement !

J'ai eu la chance de coacher des centaines d'individus et je t'assure que j'ai été témoin de changements drastiques dans le niveau de performance et de réussite de bon nombre d'entre eux. J'ai constaté que ceux qui réussissent ont tous pour la plupart pressenti leur réussite. Ces gens croient en leurs capacités et ont une confiance aveugle dans leur destinée, ce qui leur permet de réaliser leurs rêves.

En revanche, j'ai souvent constaté que plusieurs individus ont de la difficulté à imaginer qu'ils pourraient faire mieux ; qu'ils seraient capables de réussir des performances bien au-delà de celles qu'ils connaissent présentement. Ils se sont fixé des limites et ne croient pas vraiment qu'ils pourraient les franchir.

Plusieurs refusent de sortir de leur zone de confort. Ou encore, ils refusent l'effort qu'il leur faudrait faire pour accomplir plus, les risques qu'ils devraient prendre, la discipline qu'ils devraient s'imposer, les nombreux obstacles qu'ils devraient affronter, ou pire encore, ils se sont faits à l'idée et, malheureusement, ils acceptent cette idée qu'ils n'ont pas tout ce qu'il faut pour réussir.

Ils pensent, intérieurement et en secret, car personne ne cherche à s'enorgueillir de ces pensées négatives, qu'il leur manque un petit quelque chose, qu'il y a un défaut dans la cuirasse qui les retient et qui les empêche de considérer la possibilité de réussir : de mauvaises habitudes, des doutes par rapport à leurs talents et à leurs habiletés, de fausses croyances, de mauvaises attitudes et bien sûr, la peur... Peur de l'échec, peur du risque, peur de l'avenir, peur de l'opinion des autres, peur d'avoir peur !

J'ose espérer que ce n'est pas ton cas. De toute façon, pour en avoir le cœur net, je t'invite à passer au prochain entretien. Ensemble, nous allons tenter d'évaluer tous ces facteurs qui empêchent la grande majorité des gens de prendre la décision ferme de réussir. C'est un entretien essentiel : il s'agit de faire table rase de toutes les excuses, tous les prétextes, les appréhensions et les blocages qui pourraient freiner tes ambitions et t'empêcher de passer à l'action.

Après cet entretien, plus rien ne pourra se dresser entre ta situation actuelle et celle dont tu rêves. Je suis parfaitement conscient que c'est un exercice qui peut te sembler pénible. Un exercice pénible, mais capital ! Il faut donc le faire ! Absolument ! Alors, autant le faire comme il se doit. Réglons cela une fois pour toutes et on n'en reparlera jamais plus !

LE DÉSIR D'APPRENDRE ET DE PARTAGER DE LÉON-MAURICE LAVOIE

Diplômé en anthropologie et en éducation, Léon-Maurice Lavoie enseigne le français depuis plus de 20 ans dans une école secondaire de St-Césaire (Québec). En 2007, il se forme à la communication relationnelle selon la méthode enseignée par le psychosociologue français Jacques Salomé, ce qui va lui donner des outils pour mieux se connaître et panser de vieilles blessures. «*La communication passe nécessairement par la connaissance de soi, car si l'on veut être clair avec l'autre, il faut être clair avec soi. Pour ce faire, le voyage à l'intérieur de soi passe inévitablement par notre passé. Il nous apprend à délaisser certaines choses qui s'y sont déposées. C'est un peu comme enlever des cailloux de nos chaussures,* nous dit ce sorelois d'origine, *au lieu de continuer à les trimballer avec nous, alors qu'ils nous blessent.*»

À l'été 2010, Léon rencontre la cinéaste Sylvie Van Brabant qui venait de réaliser le documentaire *Visionnaires planétaires*. C'est un film anti-résignation qui met en exergue le désir de changer les choses avec des projets concrets. Et oui tout est possible! Oui il est possible de se changer et d'apporter sa contribution à l'amélioration du monde!

Cette rencontre lui donne l'idée de mettre sur pied des séries de conférences publiques qu'il nommera : les soirées-conférences SE RELIER AU CŒUR DU MONDE.

Son projet vise trois objectifs :

1- Faire connaître les réalisations des hommes et des femmes au niveau de l'éducation, de la santé, du développement personnel et de l'environnement ;

2- Réunir des gens pour qu'ils puissent créer et partager des collaborations durables ;

3- Inviter les plus grands conférenciers dans sa petite municipalité.

Ainsi, depuis septembre 2010, Léon convie les gens de sa région à venir entendre les meilleurs dans leur domaine. C'est un rassembleur hors pair qui a toujours cultivé ce désir de mettre en lien les êtres, les concepts et les actions. Son désir de contribuer à l'amélioration du mieux vivre ensemble l'anime profondément et l'amènera sans aucun doute vers la réalisation de ses nombreux projets.

ENTRETIEN 2

QU'EST-CE QUI TE RETIENT ?

« 1 % de doute, 100 % d'échec ! »

– André Moreau

« Nos doutes sont des traîtres qui nous privent de ce que nous pourrions gagner, parce que nous avons peur d'essayer. »

– William Shakespeare

« Ce qui rend les gens malheureux, c'est qu'ils acceptent les mensonges. »

– D.H. Lawrence

ENTRETIEN 2

QU'EST-CE QUI TE RETIENT ?

Qu'est-ce qui se dresse sur ton chemin ? Qu'est-ce qui s'interpose entre toi et ce que tu veux ? Y a-t-il une raison qui t'empêche de prendre la décision de réussir ? Que ce soit une excuse que tu te donnes machinalement, sans t'en rendre compte, ou que tu te retrouves face à des blocages, ceux-ci possèdent le pouvoir malveillant de paralyser ta pensée, de neutraliser tes rêves et de te maintenir en permanence dans un état d'immobilisme total.

Il faut que tu réussisses à te libérer complètement de tes blocages. Même la plus petite parcelle de doute pourrait parvenir à anéantir tes efforts. Je ne tiens pas à ce qu'il y ait quoi que ce soit qui t'empêche de réussir, quoi que ce soit qui te retienne de profiter et de jouir pleinement de la folle aventure qui t'attend. Alors, allons-y ! Commençons par tes fausses croyances.

Les fausses croyances

Un jour, tu as entendu quelqu'un dire que tu « ne l'avais pas », et tu as ajouté foi à son commentaire. Par la suite, tu as connu un petit revers, un premier échec dans ta vie, et tu t'es mis à douter de toi-même, à croire que tu n'avais pas tout ce qu'il faut pour gagner. Un autre jour, à la suite d'un mauvais jeu de ta part, ton premier coach sportif a jeté un regard vers le ciel et a grimacé tout en hochant la tête, et tu l'as aperçu du coin de l'œil.

Et puis, quelqu'un de ton entourage, pire encore, un membre de ta famille, ton père ou un de tes frères a fait une remarque négative sur tes talents. Il t'a dit dans un moment de colère ou de frustration que tu n'avais aucune aptitude pour le sport, ou pour les études, ou pour les mathématiques. Et tu l'as cru. Ça commence comme cela, lentement, progressivement, et puis ça s'amplifie.

Parfois, c'est tout simplement ton imagination qui te joue des tours. Tu as de la difficulté à croire que tu possèdes suffisamment de talents pour réussir une carrière sportive, scientifique ou artistique. Tu as tellement entendu les autres te rabaisser que tu crois malheureusement que tes habiletés sont inférieures à la moyenne des gens, que tu manques de compétence, d'aisance, d'adresse et de force. Que tu n'as sûrement pas autant de dextérité ou de savoir-faire qu'Untel, qui réussit tellement mieux que toi.

Ah ! Ces fameuses comparaisons. Si chacun pouvait comprendre tout le tort qu'il se fait lorsqu'il se compare aux autres. Lorsqu'il compare sa situation à celle de quelqu'un d'autre, lorsqu'il compare sa personnalité, sa créativité, ses avoirs, ses réalisations, ses habiletés et ses compétences.

Il est complètement absurde et tout à fait inutile de te comparer avec qui que ce soit. C'est du temps perdu que tu pourrais utiliser de façon tellement plus productive. Dans tout notre univers, qui compte quelque sept milliards d'individus, il n'y en a pas deux qui sont exactement pareils. Chaque être est unique, chacun possède des talents qui lui sont propres, des habiletés, des traits de caractère qui le distinguent de tous les autres. Chacun a ses défauts et ses qualités et surtout, chacun est en mesure d'évoluer : ce que tu es aujourd'hui, c'est très peu par rapport à ce que tu seras dans cinq ou dix ans.

> Si tu as des doutes, pense à tes forces, à ce qui te différencie de tous les autres. Fais la liste de tes qualités, je suis convaincu que tu peux en trouver au moins cinquante. Fais l'exercice dans ton *Cahier d'entretiens*. C'est indispensable pour annihiler tes fausses croyances. Fais également la liste des points que tu aimerais améliorer. Je parie que tu n'en trouveras pas autant que tes qualités. Mais tout est possible, et même si actuellement, tu as plus de défauts que de qualités, tu peux, si tu en prends conscience et que tu le décides, renverser la situation et te construire une nouvelle personnalité, une personnalité gagnante, comme nous le verrons lors du prochain entretien.

Si tu penses que tu n'as pas suffisamment d'aptitudes pour t'engager dans une activité ou dans un secteur qui te captive, questionne-toi : d'où vient cette idée ? Es-tu certain que cette idée, tu ne te l'es pas imposée toi-même ? Qu'elle ne t'a pas été suggérée par quelqu'un d'autre qui, sans réfléchir, t'a fait la remarque un jour que tu n'avais aucune chance de réussir dans un domaine comme celui-là ?

Si tu penses que tu n'as pas suffisamment de talents, dis-toi que ces talents, tu les possèdes. Ils existent, mais pour le moment, ils se cachent et ils attendent que tu fixes les conditions de leur éclosion. Commence par découvrir ce qui t'anime, ce qui te passionne, ce qui te fascine, et je te garantis que tu te découvriras des talents, des aptitudes et des habiletés dont tu ignorais l'existence. Le problème, ce n'est pas que tu n'as pas de talents, que tu ne possèdes pas suffisamment d'aptitudes pour les choses qui t'enthousiasment. Tu en as, mais tu n'y crois pas !

En réalité, la plupart de nos fausses croyances sont des excuses que l'on se donne pour éviter de prendre des risques, éviter d'agir et de s'engager dans une voie plus difficile. Il est facile de trouver des excuses, facile de continuer à penser qu'il nous est impossible de changer, que nous sommes faits comme ça et qu'il n'y a rien que l'on puisse y faire. Mais en agissant ainsi, nous programmons notre inconscient et notre système nerveux de façon qu'ils nous fournissent les réponses que nous attendons, et nous réagissons en conséquence. Or, si les données de base sont fausses, nos réactions le seront aussi et nos fausses croyances continueront à nous maintenir dans l'inertie et l'improductivité.

Sans compter que la plupart des réussites ne sont pas uniquement une question d'aptitudes. Jette un coup d'œil à ceux qui réussissent et tu te rendras compte que ce ne sont pas toujours les personnes les plus douées, les plus qualifiées et les plus compétentes dans leur secteur d'activité, mais les plus passionnées, les plus motivées, les plus organisées, les plus acharnées, et sûrement les plus déterminées. La réussite n'est pas uniquement une question d'aptitudes ou de talents, mais de choix, de passion et d'engagement. Les gagnants agissent sur leurs idées et n'ont pas peur de se mouiller les pieds. On a souvent vu des gens réaliser des exploits tout à fait incroyables, alors qu'ils possédaient beaucoup moins de talents que d'autres, mais combien plus d'audace, de désir de réussir et de persévérance.

À un certain moment, la plupart des gens se rendent bien compte qu'ils pourraient mener une vie cent fois meilleure et beaucoup plus satisfaisante que celle qu'ils ont présentement, qu'ils pourraient jouir d'une carrière beaucoup plus valorisante. Certains s'imaginent alors qu'ils pourraient changer leur vie par le simple pouvoir de leur volonté. C'est une erreur. La volonté ne suffit pas. Peu importe tes efforts, tu ne réussiras pas. Tu te heurteras toujours à tes fausses croyances.

Débarrasse-toi des mensonges !

Il te faut d'abord pulvériser complètement tous ces mensonges qui t'empêchent de mener ta vie comme tu l'entends, qui t'interdisent de choisir la vie sans limites à laquelle tu as droit. Il faut absolument que tu déprogrammes ton cerveau de toute cette fumisterie, toutes ces pensées négatives qui proviennent de ton enfance, de ton éducation, de tes lectures, et souvent même de tes amis, de tes parents et des groupes d'individus que tu fréquentes.

Il faut d'abord à tout prix que tu identifies ces fausses croyances et surtout, que tu cesses d'y croire. Si tu penses que tu ne pourras jamais réussir parce que tu n'y es encore jamais parvenu, que de toute façon, il t'est totalement inutile d'agir parce que tu es trop jeune, trop vieux, trop petit, trop gros ou trop pauvre, que tu n'es pas assez intelligent, pas assez futé, pas assez ambitieux, que tu manques de courage, d'imagination, d'éducation, de leadership, d'audace ou de créativité, tu dois surtout cesser de te répéter tous ces mensonges qui rendent ta vie misérable.

Remplace plutôt ces fausses croyances par des affirmations positives : « *Oui, je suis capable ! Je suis fort, puissant, imaginatif et hyper intelligent. Je suis une personne dynamique, intuitive, optimiste et confiante. Je déborde d'énergie et de sang-froid. J'ai tout ce qu'il faut pour entreprendre un grand projet. Aucun défi ne me fait peur. Je suis patient, persévérant, tenace et déterminé. Rien ne peut m'arrêter. Je peux tout entreprendre, tout réussir par mes propres moyens !* »

En te répétant sans cesse ces affirmations positives, tu reprogrammeras ton cerveau et tu te persuaderas que tout est possible. Je te le dis encore une fois : tes fausses croyances ne sont que des mensonges, des excuses qui te retiennent et t'empêchent de t'épanouir !... DÉBARRASSE-T-EN UNE FOIS POUR TOUTES ! Libère-toi de ton passé et de ce que les gens ont dit ou pensé de toi, avant qu'il ne soit trop tard et que ces fausses croyances se transforment en réflexes, qu'elles s'ancrent en toi et deviennent des boulets, qu'elles soient tes seuls critères d'évaluation pour jauger tes possibilités.

Est-il vraiment nécessaire et utile que les choses continuent à être ce qu'elles ont été dans le passé ? Que la perception que tu as de toi-même actuellement, de ta valeur et de tes possibilités t'empêche continuellement d'avancer ?

Allez !... Prends ton *Cahier d'entretiens* et réfléchis à ces questions :

- Quelles sont les fausses croyances qui m'empêchent actuellement de prendre la décision de réussir ?
- Ces fausses croyances sont-elles justifiées ?
- D'où viennent-elles ?

- Quelles actions devrais-je entreprendre pour les éliminer totalement et pour toujours ?

- Par quelle croyance vais-je les remplacer ?

Maintenant, en t'inspirant de l'affirmation de la page précédente, écris, dans tes mots, ta propre affirmation positive, une affirmation que tu répéteras chaque jour, jusqu'à ce que tu aies réussi à éliminer complètement tes fausses croyances. Au fait, tu peux copier certains passages si cela te plaît !

Les attitudes et comportements nocifs

Attaquons-nous maintenant aux attitudes et comportements qui pourraient t'empêcher de réussir : le négativisme, l'indifférence, le doute et la peur de l'échec. Je t'avise encore une fois que je suis tout à fait conscient que ce n'est pas un sujet de réflexion très enthousiasmant, mais en situation de coaching, c'est un facteur primordial. Tu dois absolument te dépouiller de tous les éléments qui pourraient freiner ton ardeur, de tous les blocages qui risquent de saboter tes décisions et tes engagements.

LE NÉGATIVISME

Plusieurs livres ont été écrits sur le pouvoir de la pensée et sur l'influence de celle-ci sur la condition d'un individu. L'homme est le fruit de ses pensées. Sa façon de penser détermine sa façon d'agir, sa situation actuelle, ainsi que sa manière d'être et de considérer la vie. Si tu as pris l'habitude de ne fixer ta pensée que sur le côté négatif des choses, il est normal que dans ta vie, présentement, il ne t'arrive que de petites choses.

T'es-tu déjà demandé d'où viennent ces pensées négatives? En réalité, ce n'est pas compliqué, elles proviennent de ce qui tous les jours accapare ton attention, de tout ce que tu déposes dans ton cerveau, tout ce que tu regardes, ce que tu écoutes et ce que tu lis. Toi et ceux qui t'entourent.

Commençons par les personnes que tu fréquentes. Est-ce que ce sont des personnes qui réussissent, qui accomplissent leurs rêves ? Est-ce que ce sont des gagnants ou des perdants ? Si tu fréquentes des perdants, sois certain qu'ils vont faire tout ce qu'ils peuvent pour t'attirer dans leur jeu. Ce sont des victimes et ils feront tout ce qui est en leur pouvoir pour te prouver qu'ils ont raison de ne rien faire et de ne rien accomplir dans leur vie, pour justifier leur condition, leur inaction, leur paresse et leur médiocrité.

La plupart de ces gens prennent plaisir à se plaindre à propos du système, des inégalités, du gouvernement, de l'économie et quoi encore ! Ils aiment par-dessus tout raconter leurs malheurs et tous les petits problèmes auxquels ils font face. Ne leur demande jamais « *comment ça va ?* » car tu connais déjà la réponse. Tout va toujours mal dans leur vie : leur situation financière est exécrable, leur vie familiale est sur le bord du gouffre, leur santé est misérable et leurs voisins sont des mécréants. Ils sont tellement fiers que tu leur demandes comment ils vont ! C'est à croire qu'ils te prennent pour une poubelle : « *Allez, il y a encore un peu de place. Par ici les ordures* ».

Ne perds pas ton temps avec ce genre d'individus. Et lorsque tu en rencontres un et qu'il se met à gémir, dis-lui que tu dois absolument partir parce que tu as un rendez-vous important pour ton avenir. Excuse-toi et éloigne-toi le plus vite possible. Tu n'as absolument rien à gagner à fréquenter des gens négatifs. Choisis tes amis. Tu as toujours le choix !

Associe-toi plutôt à des gagnants, à des gens qui réussissent et qui tiennent des conversations réjouissantes, positives, stimulantes et motivantes. Et surtout, prends la décision de ne jamais te plaindre de quoi que ce soit à ceux que tu rencontres. Si tu te plains toujours toi aussi, tu vas te rendre compte rapidement que les gagnants vont chercher à t'éviter et je suis convaincu que ce n'est pas tout à fait ce que tu désires.

Je te suggère de faire également attention à ce que tu lis. Si tu commences toutes tes journées en lisant tous les potins que contient ton journal du matin, sans vraiment t'en rendre compte, tu inondes ton cerveau de pensées négatives. Tu en veux la preuve ? La prochaine fois que tu liras ton journal, prends une feuille de papier, divise-la en deux colonnes et additionne les idées négatives d'un côté et les idées positives de l'autre. Tu constateras par toi-même toute l'ampleur du négativisme.

Tous les jours, on t'entretient de tout ce qui va mal dans le monde. Pas seulement ici au Québec, mais sur toute la planète et dans des pays que tu ne connais même pas. Des pays où règnent le chaos, le désordre, la dictature, la torture et la guerre civile, il y en a au moins une centaine… si ce n'est plus. Que peux-tu y faire ? Bien des gens se stressent inutilement et se morfondent à propos d'événements qui se produisent à l'autre extrémité de la planète, alors qu'ils ignorent l'univers de possibilités qu'il y a autour d'eux et à l'intérieur d'eux-mêmes.

Si tu tiens absolument à savoir ce qui se passe dans le monde, contente-toi de lire les grands titres. Mais si tu veux changer le monde, change plutôt ta pensée. Tu veux un bon conseil? Choisis-toi un bon livre sur le développement personnel et commence tes journées en lisant une demi-heure tous les matins. Il y a tellement de livres qui ont été écrits sur le leadership et sur tant d'autres sujets reliés à ta carrière, sans compter tous les grands classiques de la littérature qui regorgent de modèles propres à t'inspirer.

Tu peux aussi te procurer des livres sur le potentiel humain et sur le développement personnel, des livres sur l'attitude, sur la définition des objectifs, sur la confiance en soi et sur les traits de caractères propres à ceux qui gagnent et qui réussissent malgré l'adversité. Des livres qui font travailler ton imagination, qui stimulent ta créativité et qui t'exhortent à t'améliorer. Des livres inspirants, comme par exemple, la biographie de personnalités que tu admires et sur lesquelles tu pourrais facilement te modeler pour devenir plus fort, plus heureux et plus déterminé. Des livres sur la psychologie, sur la joie de vivre, sur l'estime de soi, des livres sur la gestion du stress et sur les techniques de relaxation et de méditation.

J'ai toujours conservé cette habitude de lire trente minutes tous les matins. Essaie pendant 21 jours consécutifs et tu ne voudras plus jamais te défaire de cette habitude. Lève-toi une demi-heure plus tôt et lis quelques pages inspirantes avant de te présenter au travail et tu constateras rapidement le changement qui s'est produit dans ton attitude et dans ta façon de faire face aux défis quotidiens. Une chose est certaine, les autres vont s'en apercevoir.

Un dernier petit conseil, évite de t'écraser tous les soirs pendant des heures devant ton téléviseur. Tu dois certainement t'en douter, mais je te confirme que la plupart des programmes sont conçus pour captiver une audience ciblée, qui a tout juste réussi ses classes élémentaires. Les sujets des émissions sont, pour la plupart, banals et violents, quand ils ne sont pas carrément médiocres, et les protagonistes se comportent rarement comme des gagnants. Au minimum, évite à tout prix le bulletin de nouvelles de fin de soirée qui reprend essentiellement toutes les mauvaises nouvelles parues dans le journal du matin. Carrément déprimant !... Tu risques de faire des cauchemars !

Il est bien évident que si tu commences toutes tes journées en lisant les journaux, que tu passes celles-ci à fréquenter des gens négatifs et que le soir venu, tu t'installes devant ton écran ou devant ton ordinateur, ce qui n'est guère mieux, la somme de tout ce qui envahit ton cerveau chaque jour ne doit pas être tellement stimulante. Rien pour te motiver à faire quelque chose de ta vie. Rien pour t'aider à prendre la décision de réussir. Mais tu as le choix. C'est à toi de voir ce qui doit occuper ton esprit. Ne laisse pas ce choix à des gens qui se moquent de ce que tu cherches à accomplir.

Il est possible également que ton comportement négatif découle de certains événements de ton passé. Je ne connais pas ta situation, mais je te conseille tout de même d'oublier tes rancunes ainsi que le ressentiment que tu pourrais avoir pour certaines personnes. Ne laisse pas un événement douloureux de ton passé influencer tes actions présentes. Pardonne et passe à autre chose. Libère celui à qui tu reproches ses agissements et libère-toi en même temps ! Sinon, c'est à toi que tu fais du tort. C'est ton avenir que tu paralyses et tes rêves que tu détruis.

Peut-être ton comportement résulte-t-il du fait qu'il y a des étapes de vie que tu n'as pas encore franchies. Peut-être manques-tu de maturité ? Peut-être y a-t-il des choses que tu aurais aimé faire dans ta vie et que tu n'as pas faites, et qui aujourd'hui viennent te hanter et t'empêcher de te concentrer exclusivement sur ta réussite ? Peut-être as-tu manqué d'amour et qu'à cause de cela, tu essaies d'aller en chercher en tentant d'impressionner les autres par des comportements farfelus ?

Si la situation que je décris correspond à la tienne, il vaut mieux que tu en prennes conscience et que tu te demandes sérieusement si tu es prêt à faire ce qu'il faut pour réussir ta vie. Peut-être hésites-tu ? Réfléchis et demande-toi si tu es prêt à cesser de saboter tes efforts par des attitudes et des comportements négatifs. Car, malheureusement, ceux-ci s'inscrivent dans ton subconscient et laissent des empreintes qui faussent la perception que tu as de ton potentiel et de ce que tu pourrais accomplir si tu le décidais.

L'INDIFFÉRENCE

À moins que tu ne te soucies pas encore suffisamment de ton avenir, que tu sois indifférent à tes possibilités, que tu aies conservé cette attitude de *je-m'en-foutisme* que l'on a tous connue à un certain moment de notre jeunesse, tu as le droit de te moquer du temps qu'il fait, d'être complètement indifférent à l'actualité, à l'économie, aux résultats boursiers ou sportifs, mais tu ne peux continuer à te foutre de ton avenir, sans te causer un immense préjudice au moment même où l'aventure de la vie frappe à ta porte.

Surtout, souviens-toi que l'insouciance mène à la résignation, à l'abdication et à la démission ; que l'indifférence appelle au renoncement et que ceux qui renoncent à leurs possibilités doivent normalement se contenter d'une petite vie bien tranquille. Je suis persuadé que ce n'est pas exactement ce que tu recherches, sinon tu aurais déjà refermé ce livre depuis longtemps.

Tu penses peut-être que tu as tout ton temps, mais tu vas te rendre compte rapidement que le temps passe très vite et que les années gaspillées ne reviennent pas. Le meilleur moment pour décider de ce que tu feras de ta vie, c'est aujourd'hui. Profites-en pendant que ton esprit est libre. Saisis l'occasion et prends la décision de te délester de tout ce qui te retient !... À moins que tu ne doutes de toi ? Que tu aies peur ? Je ne dis pas que c'est ton cas, j'essaie simplement d'explorer avec toi ce qui pourrait t'empêcher de réussir. Le doute et la peur condamnent tellement de gens à l'inaction. Voyons cela de plus près !

LE DOUTE

Comment peux-tu seulement espérer réussir si tu entretiens une image négative de toi-même et que tu es constamment assailli par le doute ? Il est tellement dommage de constater l'énorme gaspillage de talents occasionné par le fait que ceux qui les possèdent n'y croient pas, et que tant de gens talentueux doutent de leur potentiel et de leurs capacités. Le doute, c'est l'ennemi numéro un de la réussite. Il tue la confiance et élimine toute possibilité de se réaliser.

Si tu doutes vraiment de ton potentiel, si tu penses que tu n'as aucun talent, je te suggère de passer un test d'aptitudes. Je suis certain que les résultats vont te rassurer. Il est impossible que tu ne sois bon à rien. Je suis convaincu que tu possèdes plusieurs aptitudes et de nombreux talents. Peut-être qu'actuellement, tu ne fais pas carrière dans un secteur qui te convient et qui te permettrait de les utiliser. Je suis persuadé que ce test te permettra d'identifier tes véritables forces. Tu constateras ainsi que tu disposes assurément de beaucoup plus de possibilités que tu ne l'imagines et tu seras surpris de découvrir toutes les qualités que tu possèdes. Bien sûr, tu verras aussi tes faiblesses, tes défauts de caractère, mais qui n'en a pas ?

Peut-être réaliseras-tu que ton occupation actuelle ne correspond pas à tes compétences et à tes aptitudes. Quelle belle occasion de réfléchir à ton avenir et de prendre la décision de changer de secteur d'activité, de changer de métier s'il le faut, de choisir une nouvelle carrière ou de t'inscrire à des cours de formation, ce qui pourrait représenter un projet formidable pour les deux ou trois prochaines années.

Qu'as-tu à perdre? Tu ne tiens pas à rester dans un domaine où tu t'ennuies, où tu végètes, où tu n'as aucune possibilité de te réaliser ? De persister dans un secteur où tu ne peux t'exprimer et qui te conduit à douter de toi-même ? Dans un autre entretien, je te recommanderai quelques tests qui pourront vraiment t'aider à orienter tes recherches.

Nous verrons dans le prochain entretien comment rétablir ton niveau de confiance en soi et comment raviver ton estime, les deux principaux facteurs responsables du doute de soi, qui reste toujours la pire forme du doute. Tu peux douter d'un projet, douter des autres, douter de l'économie, douter des banques et du gouvernement, tout cela s'arrange. Mais douter de toi-même, douter de ton avenir, de tes capacités et de tes talents, ce n'est pas permis ! C'est un véritable crime contre ta propre personne. Si tu doutes de toi, tu seras toujours à la merci des événements.

Le philosophe André Moreau fut un de mes professeurs, et sûrement mon premier coach de pensée positive. Il maintenait que la vie nous rend au centuple la moindre parcelle d'attention que nous lui portons. À ceux qui doutent, elle rend l'existence insupportable en leur fournissant toujours de nouvelles occasions de douter. À ceux qui au contraire évoluent avec confiance, elle apporte une confirmation fondamentale de leur foi.

Comment peut-il en être ainsi ? lui demandions-nous. « *Question de vibrations ! Il n'arrive à un homme que ce qui lui ressemble. Tout est reçu selon la forme du récipient !* » se plaisait-il à nous répondre. « *Tout ce que je fais se trouve à me coder, et selon le code que je me constitue en agissant, il me sera fait. La vie,* ajoutait-il, *est une réponse. Elle nous rend ce que nous lui donnons en le multipliant. L'individu inquiet, anxieux, agressif, plein de ressentiment et de haine, déclenche autour de lui des séries de réponses qui viennent le confirmer dans ce qu'il est.*

Par contre, celui qui agit positivement et avec confiance, reçoit aussi la réponse qu'il se prépare en agissant. Ce qu'un homme pense, sent, vit, espère, désire et veut, il le devient. À quoi avez-vous pensé récemment ? Qu'avez-vous voulu ? Et dire que tout se joue en fonction de votre vibration fondamentale. Quelle est la vôtre ? nous demandait-il. *Confiance ou doute ? Certitude ou insécurité ?* »

LA PEUR DE L'ÉCHEC

Le besoin de sécurité est un autre fléau qui empêche tellement de gens de se fixer des buts et de réaliser leurs rêves. La peur est la plus dévastatrice de toutes les émotions. Elle peut revêtir plusieurs formes : peur de l'avenir, peur de ne pas être à la hauteur, peur de ce que les autres vont dire ou penser, peur du risque, peur de l'échec, peur du refus, peur d'être malade, peur de mourir, peur d'avoir peur. Nous reviendrons sur certaines d'entre elles, mais j'aimerais que nous nous attaquions d'abord à la pire forme de la peur, celle qui empêche les gens de partir à la conquête de leurs rêves, en méditant sur cet essai du Dr Sylvain Guimond :

> « Pourquoi y-a-t-il si peu de champions ?
>
> Parce qu'ils ont peur de l'échec.
>
> Pourquoi ont-ils si peur de l'échec ?
>
> Parce qu'ils manquent d'estime de soi.
>
> Pourquoi manquent-ils d'estime de soi ?
>
> Parce qu'ils n'ont pas su relever les défis.
>
> Mais pourquoi n'ont-ils pas su relever les défis ?
>
> Parce qu'ils ont peur de l'échec. »
>
> *– Dr Sylvain Guimond*

La plus grande peur des gens, c'est la peur d'échouer. On l'appelle aussi la peur du risque parce que la raison principale pour laquelle la plupart des gens refusent de se risquer à définir leurs objectifs, c'est qu'ils craignent de ne pas être en mesure de les réaliser. Ils ont peur d'échouer : « *Que va-t-il se produire si jamais ça ne fonctionne pas? Que va-t-il m'arriver ?* » Je te retourne la question : qu'est-ce qui va se passer dans ta vie, si tu ne risques rien ? ABSOLUMENT RIEN ! Pourtant, tu n'as qu'un seul voyage à faire ! As-tu déjà oublié que tu as choisi d'en faire un GRAND ?

Beaucoup de gens me consultent pour des problèmes de toutes sortes dont ils n'arrivent pas à comprendre la cause. Plus j'acquiers de l'expérience en coaching, plus je vois se confirmer cette vérité fondamentale : pour la majeure partie de ces gens, le principal problème, c'est définitivement la peur de l'échec.

En fait, l'être humain a souvent peur de ce qu'il ne connaît pas. Pourtant, c'est en relevant des défis que l'on grandit. Or, les défis sont remplis de facteurs indéterminés. Plusieurs aimeraient être plus heureux, mais ils ont peur de l'inconnu, peur de redéfinir leur vie, leurs objectifs et leurs priorités. Ils se plaignent du statu quo et de l'état actuel des choses, mais en définitive, ils préfèrent le maintenir car ils ne tentent rien de concret pour changer leur situation et surtout, ils ne prennent aucun risque.

Pourtant, ceux qui prennent des risques ont peur eux aussi. Ils savent très bien qu'ils risquent d'échouer. Mais ils ont appris à dominer la peur. Ils ont appris à lui faire face et surtout, à ne jamais lui permettre de les empêcher d'agir. Agir malgré la peur, voilà bien la meilleure façon de vaincre celle-ci.

Tu as peur de l'échec ? Réfléchis à ceci : il y a quelques années, j'ai pris connaissance d'un article de *La Presse* qui mentionnait que 95 % des sportifs de haut niveau étaient des perdants. Combien d'entre eux, en effet, bien qu'ils s'entraînent au maximum et cherchent constamment à s'améliorer, n'atteignent jamais la plus haute marche du podium ? Que leur objectif consiste à remporter une médaille d'or, la Coupe Stanley ou Roland-Garros, la plupart ne réaliseront jamais leur but !

L'article faisait aussi référence au fait que l'expérience de la défaite, si elle permet un jour d'arriver à la victoire, définit de façon durable et permanente la personnalité d'un athlète. Je suis d'avis qu'il en est de même dans tous les secteurs : certains peuvent survivre à l'échec, d'autres pas !

Peu importe le domaine d'activité, avant de parvenir au sommet, il faut faire ses classes. Et cela comporte un risque très élevé d'échec. Lorsqu'un individu parvient finalement à se hisser au summum de son secteur d'activité, tu peux être certain d'une chose: il a connu lui aussi sa part d'échecs. Il a dû lui aussi faire face à plusieurs revers. Mais voilà, il a su s'en accommoder. Alors que pour plusieurs, chaque refus représente une véritable douche froide qui a pour conséquence de ralentir considérablement leur enthousiasme et leur ardeur au travail, voire même de compromettre leur carrière. Ils n'arriveront jamais à composer avec l'échec.

Tu me dis que c'est là où tu en es et que tu aimerais tout de même recevoir un peu d'encouragement. Alors, voici ce que je pense: l'expérience n'a pas de prix! Et quand je parle d'expérience, je ne fais pas uniquement référence à celle qui t'est favorable! L'expérience de l'échec est aussi nécessaire. C'est ta façon de percevoir l'échec qui va te permettre un jour de gagner, si tu apprends à oublier son aspect négatif, celui qui concerne ton ego, pour te concentrer sur son côté positif: qu'as-tu appris de cet échec?

«Le succès, c'est l'échec de l'échec», disait Delphine Lamothe. L'échec est un excellent professeur. Il t'apprend à corriger ton tir, à perfectionner ta technique, ton approche, tes connaissances et à améliorer tes habiletés. Il agit à la manière d'un radar qui tenterait de te prévenir: qu'est-ce qui ne va pas? Qu'as-tu appris de cette expérience négative? Qu'est-ce que tu devrais changer dans ta manière de faire? Dans ta démarche et dans ton plan d'action?

Accueille les revers

Je vais sûrement t'étonner, mais je te recommande non seulement d'apprendre à aimer les revers, mais à les accueillir avec joie, car tu peux prendre appui sur un échec, t'en servir comme d'un levier pour te libérer de ta peur. Si tu apprends à faire face à l'échec suffisamment de fois, non seulement tu domineras ta peur, mais tu deviendras un maître dans l'art de relever des défis et d'accepter les contrariétés de la vie.

J'ai coaché de nombreux vendeurs et représentants commerciaux, et un des éléments majeurs de ce coaching était de leur apprendre à aimer le mot NON. Un vendeur doit faire face aux refus pratiquement tous les jours. Si ton projet exige de ta part une quelconque activité de sollicitation – et je suis prêt à parier que tôt ou tard, tu auras à vendre ton projet ou tes services à un tiers –, tu vas te rendre compte toi aussi qu'il est impossible de n'obtenir que des OUI, et que parfois, pour en obtenir un seul, tu devras faire face à des dizaines de refus. Comment pourras-tu affronter ces situations ? Il n'y a qu'une seule façon : apprendre à aimer les refus ! Plus tu reçois de NON, plus tu te rapproches du OUI !... Et en prime, tu bâtis ton attitude !

En apprenant à apprécier les refus comme une conséquence inévitable de tes actions, en fonçant droit sur eux plutôt qu'en cherchant à les fuir, tu leur enlèves le pouvoir qu'ils exercent sur toi et tu te libères de ta peur. À l'avenir, chaque fois que tu te sentiras envahi par un sentiment de crainte face à une action que tu dois faire absolument, chaque fois que tu feras face à une possibilité de refus et que tu te mettras à penser plutôt qu'à agir, prépare-toi mentalement et dis-toi simplement : *« Je ne crains pas les refus. NON, C'EST BON ! Voilà l'occasion que je cherchais de faire grandir ma confiance »*.

Si tu subis un échec, accepte-le, tire les leçons qu'il t'enseigne et ensuite, oublie-le. Évite de le renforcer en te le remémorant et surtout, en repassant sans cesse dans ta tête le scénario de ce qui s'est produit. Accepte, tire les leçons et passe à autre chose ! En réalité, ce n'est pas le refus qui est pénible à supporter, mais la peur de l'affronter, la peur d'agir face à la possibilité d'un échec.

As-tu déjà réalisé que les meilleurs athlètes étaient passés maîtres dans l'art d'échouer ? Prends Alex Ovechkin par exemple, le meilleur franc-tireur de la LNH au cours des quatre dernières années. Sais-tu qu'il est aussi celui qui échoue le plus souvent ? Mais comme il lance au filet beaucoup plus souvent qu'à son tour, ses chances de marquer sont meilleures. Penses-tu qu'Alex se fait du mauvais sang chaque fois qu'il rate sa cible ? J'en doute !... Il ne pense qu'à son prochain lancer.

Prends des risques

Pourquoi alors ne pas accepter un peu de risques dans ta vie ? Chaque projet est risqué. La réussite de ton projet ne relève pas que de toi, mais de plusieurs facteurs qui tous ont un rôle à jouer et sur lesquels tu n'as aucun contrôle, et aussi, d'individus sur lesquels tu ne peux absolument pas compter à 100 %. Tu ne peux compter que sur toi-même. Tu peux faire tout ce qu'il faut pour faire avancer ton projet dans la direction choisie et malgré ta volonté, ton engagement et ta détermination de réussir, il est possible que tu échoues tout simplement parce qu'un élément non prévu est apparu ou encore, un facteur de réussite sur lequel tu comptais ne s'est pas produit. Vas-tu t'empêcher d'agir parce que tu as peur du risque ?

Évidemment, au départ, ça va certes te demander un peu de courage. Mais si tu apprends à considérer ta peur comme une façon de progresser, comme un moyen infaillible de bâtir ta confiance, ce n'est pas de courage dont tu auras besoin, mais d'un brin de folie :

remercier le ciel de t'envoyer tous ces petits revers, tous ces refus qui t'exhortent à demeurer positif et à toujours faire de ton mieux !

Je ne te dis pas de foncer à l'aveuglette sans te soucier des difficultés. Nous verrons plus tard comment évaluer les risques et prévenir la plupart des obstacles, mais malgré tout ce que tu pourras faire pour te prémunir contre l'imprévisible, il y aura toujours des risques. Chaque projet présente des risques. Chaque entreprise peut se retrouver avec un nouveau concurrent. Chaque activité que tu entreprendras risque de ne pas produire l'effet escompté. En réalité, la vie elle-même est risquée. Tu risques de ne pas t'en sortir vivant. Est-ce que cela t'empêche d'en profiter ?

Si tu attends que les conditions parfaites soient en place pour lancer ton projet, tu risques d'attendre longtemps avant d'agir. Beaucoup trop longtemps, car si jamais ces conditions advenaient, il serait probablement trop tard, car je parie que quelqu'un d'autre aurait déjà pris le risque de créer et de réaliser ce à quoi tu n'auras fait que penser.

Si c'est la peur du risque qui t'empêche de prendre la décision de réussir, tu dois absolument t'en libérer, parce que tu ne réaliseras jamais rien à attendre et à te morfondre. Rien ne se construit dans la sécurité. La plupart de ceux qui réussissent ont un jour choisi d'agir sans aucune certitude. Sais-tu où serait rendu le monde aujourd'hui si tous ceux qui nous ont précédés n'avaient jamais pris aucun risque ? S'ils s'étaient abstenus d'entreprendre, de construire, d'inventer et de créer, à cause de cette peur d'échouer qui tracasse la plupart des gens ? La plus belle chose qui puisse arriver à quelqu'un dans sa jeunesse, c'est de prendre des risques !

La plus belle chose qui puisse t'arriver, c'est de faire face à des obstacles, à des revers, à des refus et à des échecs. L'échec a été l'élément déclencheur de quantités de réussites, et c'est en essayant et en échouant que tu apprendras le plus sur toi-même, sur tes forces véritables et sur ta capacité de rebondir. Je ne te souhaite pas d'échouer. Mais si tu échoues, je ne te plaindrai absolument pas, car je sais que l'échec t'aidera à découvrir ton moi véritable, celui qui se cache au plus profond de ton être, et qui ne demande qu'à se révéler. Et si tu échoues, ne panique surtout pas, mais réfléchis à cette pensée du Général Patton : « *Le succès, ce n'est pas quand on atteint le sommet ; c'est quand on touche le fond et qu'on se relève !* »

Plusieurs autres facteurs peuvent t'empêcher de réussir. Je pense entre autres au manque de discipline, aux objectifs mal définis, aux plans d'action trop vagues, au laisser-aller et à la paresse. Ces facteurs ne sont pas reliés à un comportement négatif et n'ont rien à voir avec ta manière de penser, avec tes doutes ou ta crainte d'échouer. Ils concernent plutôt tes habitudes de travail, et nous verrons dans un autre entretien comment tu peux apprendre à les dominer.

Pour l'instant, focalise toute ton attention sur la peur du risque, de façon à éliminer celle-ci une fois pour toutes et l'empêcher définitivement de projeter son ombre sur ton avenir.

Prends ton *Cahier d'entretiens* et réfléchis à ces questions :

- Es-tu pessimiste de nature ? Es-tu peureux, craintif, anxieux face à l'avenir ?

- Si c'est la peur qui te retient à l'intérieur de tes limites, si c'est elle qui t'empêche d'agir, arrête-toi et fais-lui face : de quoi as-tu peur ? De ce que les autres vont dire si tu échoues ? Peur d'être déçu ? Peur qu'on se moque de toi ? Peur de ne pas être à la hauteur ?

- Penses-tu que tu es assez fort pour vaincre tes peurs ? Pour agir sans te préoccuper de l'opinion de qui que ce soit ?

- Si tu étais certain de ne pas échouer, que ferais-tu de différent dans ta vie ?

- As-tu peur parfois de ce qui pourrait se passer si tu réussissais ?

- Crois-tu au plus profond de toi-même, que tu as tout ce qu'il faut pour réussir ? Que tu peux définitivement t'élever au-dessus de la mêlée ?

Un dernier point avant de passer au prochain entretien : tu penses peut-être que tout est une question de circonstances, de situation et de *timing*. Que pour réussir, il faut être au bon endroit et au bon moment ? Ça peut se produire... quelquefois ! Il est indéniable que certains doivent leur réussite au fait d'avoir été au bon endroit au bon moment, et que les circonstances leur ont été favorables. Mais ils ont le mérite d'avoir su saisir l'occasion quand celle-ci s'est présentée. Sauras-tu la saisir si elle survient ? Et si elle ne se montre pas ? N'attends pas que les circonstances t'apportent le succès sur un plateau d'argent, ça ne semble pas être ta destinée.

Ta destinée, tu te rappelles, tu l'as choisie lorsque tu as pris cette décision : À PARTIR D'AUJOURD'HUI,

MON AVENIR NE DÉPENDRA PLUS QUE DE MOI! Si le besoin de sécurité t'empêche de bouger et de réaliser tes rêves, si tu es heureux dans ton confort douillet, ne change rien. Mais si tu es malheureux, si tu exiges plus de la vie, alors change de cap!... Prends des risques!... Crois en toi, crois que tu es quelqu'un de spécial, que tu mérites de réussir et que tu as tout ce qu'il faut pour le faire. Tu disposes de beaucoup plus de talents et d'habiletés que tu ne croyais jusqu'à présent.

Plutôt que de focaliser ta pensée sur la peur d'échouer, concentre-toi sur tes forces et sur les récompenses qui t'attendent. Mon objectif, c'est de te faire prendre conscience de tes pouvoirs et de t'aider à en prendre possession. Tu possèdes toutes les ressources nécessaires pour éliminer tes fausses croyances et résoudre tes difficultés. Refuse de penser à des images négatives et remplace celles-ci par des images heureuses d'accomplissement, de réalisation et de réussite.

Regarde toujours devant toi. Projette-toi dans l'avenir plutôt que de perdre ton temps à ressasser tes vieilles idées de défaites et d'insuccès. Tu sais maintenant que tu possèdes un potentiel de réalisation tout à fait remarquable. Dis-toi que rien, absolument rien ne peut t'empêcher de l'atteindre. La vraie question que tu dois maintenant te poser est celle-ci: QUE VAIS-JE EN FAIRE?

Comment vas-tu exploiter tes ressources? Comme tu ne pourras plus compter que sur toi-même pour développer tes formidables possibilités, je me propose, dans le prochain entretien, de t'aider à te forger le profil dont tu auras besoin: une personnalité gagnante!

LES PEURS DE GINETTE RENO

Ginette Reno est une très grande artiste québécoise qui s'est produite sur les plus grandes scènes du monde. C'est aussi une grande amie et elle a eu la gentillesse de partager avec nous ses peurs. «*La peur,* nous dit-elle, *est une émotion qui peut être bénéfique dans certaines situations. Elle peut nous avertir d'un danger réel. Lorsque cela arrive, elle est une alliée, comme une lumière rouge qui nous indique qu'il vaut mieux ne pas traverser la rue.*»

«*Cependant, elle possède aussi un côté plus obscur qui peut nous paralyser et nous influencer dans nos décisions et dans nos choix. Lorsque nous sommes à l'écoute de sa manifestation, elle vient nous parler de nous et de notre histoire. Pourquoi avons-nous peur de parler en public? Pourquoi avons-nous peur du noir? Pourquoi avons-nous peur de nous étouffer en mangeant tel ou tel aliment?... En fouillant quelque peu, j'ai découvert que lorsque j'étais enfant, je me suis étouffée avec un bonbon dur, et que durant ma première année d'école, un camarade de classe m'a dit que je ne serais jamais bonne dans mes exposés oraux... Ainsi, nous nous imprégnons à notre insu de ces peurs qui ont été déposées en nous et qui vont malheureusement nous éloigner de celui ou celle qu'on est véritablement*»

Selon Ginette, la plus grande peur est celle de ne pas être vraiment soi. Plusieurs personnes vivent dans le déni et ne veulent pas voir ou affronter leurs propres démons intérieurs. Pourtant, lorsque nous allons à la rencontre de ceux-ci et que nous les exorcisons, nous faisons du bien non seulement à nous-mêmes, mais aussi à nos proches, et nous nous rendons compte alors que la peur n'est qu'une perception erronée de la réalité et qu'elle ne vit à travers nous que parce que nous lui laissons toute la place.

La meilleure façon de vaincre ses peurs est de les affronter. À nous d'être plus perspicaces que nos peurs ! À nous de les reconnaître et de nous débarrasser de leur emprise.

www.ginettereno.com

ENTRETIEN 3

FORGE-TOI UNE PERSONNALITÉ GAGNANTE !

*« La véritable audace,
c'est d'être soi-même. »*

– Alain Caisac

*« Ce que tu es parle si fort que je
ne n'entends pas ce que tu dis. »*

– Ralph W. Emerson

*« Plus on s'élève, plus on
semble petit à ceux qui
ne savent pas voler. »*

– Friedrich Nietzsche

ENTRETIEN 3

FORGE-TOI UNE PERSONNALITÉ GAGNANTE !

Ceux qui réussissent ont-ils plus d'aptitudes que les autres? Je ne crois pas que la réussite soit uniquement une question d'aptitudes. Peu importe le secteur d'activité ou la carrière qu'une personne choisit, le talent ne suffit pas. J'en connais plusieurs qui réussissent très bien, plusieurs artistes et de nombreux athlètes qui ont beaucoup de succès et qui ne sont pourtant pas les plus habiles, les plus compétents ou les plus expérimentés. Cependant, la plupart d'entre eux ont choisi de donner la priorité à leur développement personnel et ils jouissent tous d'une personnalité rayonnante.

Pour réussir, il te faudra d'abord et avant tout un désir intense de réaliser tes possibilités, sans lequel il te sera impossible d'aller jusqu'au bout. Tu devras également démontrer une confiance absolue en tes capacités et en tes aptitudes, un surplus d'enthousiasme et un niveau d'énergie bien au-dessus de la moyenne et que seule une excellente condition physique pourra te procurer.

Il te faudra aussi être en mesure d'agir avec constance et régularité, et, face à l'adversité, savoir opposer une force de caractère résolue et déterminée. Tu auras besoin de beaucoup de courage, de force mentale et de résilience pour surmonter toutes les difficultés, résister au découragement et être en mesure de te relever immédiatement après un échec ou une déception.

Comme tu le vois, il te faudra de nombreux outils. Es-tu conscient que tu en possèdes déjà la plupart et qu'il t'est possible d'acquérir ceux qui te manquent ? Comment ? Simplement en investissant un peu plus de temps et d'efforts dans ton développement personnel.

Chacun de nous peut développer sa personnalité, ses talents, son savoir-faire et ses qualités à un point qu'on peine à imaginer. Pour le moment, ce qui importe, c'est de savoir d'où tu pars. Sais-tu seulement qui tu es ? Connais-tu tes forces ? Connais-tu tes valeurs ? Sais-tu quels sont les traits de caractère que tu pourrais améliorer ?

« Connais-toi toi-même »

Tu connais sûrement la célèbre formule de Delphes que Socrate avait faite sienne. Te connaître toi-même, cela veut dire comprendre qui tu es, connaître tes forces et tes limites, prendre conscience de ce qu'il y a en toi, de tes facultés, de ta personnalité, c'est-à-dire de l'ensemble des éléments qui créent ton individualité.

Ta personnalité s'est développée à partir de ce que tes parents et tes éducateurs t'ont transmis, mais elle se précise au fur et à mesure de tes expériences : chaque fois que tu rencontres quelqu'un, chaque fois que tu tentes quelque chose de nouveau, que tu acquiers des connaissances, ou des compétences, ou que tu relèves un défi, ta personnalité se précise davantage. Tu deviens progressivement celui que tu es aujourd'hui.

Pour aller de l'avant, il est donc de première importance de savoir qui tu es. Es-tu dynamique, susceptible, enthousiaste, timide ? As-tu du leadership, du tempérament ? Es-tu extraverti ou introverti ? Es-tu un spécialiste ou un généraliste ? Logiquement, personne n'est mieux placé que soi-même pour se connaître. Mais cela demeure une tâche complexe : nos expériences de vie et les contraintes du monde extérieur façonnent notre personnalité et modifient nos aspirations, sans que nous en ayons vraiment conscience.

Pour t'aider à déterminer ton type de personnalité, je te suggère le test psychologique *Myers-Briggs Type Indicators* (MTBI), disponible sur le site www.sylvainguimond.com.

La découverte de ton identité t'aidera en outre à répondre à ces deux questions :

- Mes envies et mes aspirations sont-elles vraiment les miennes ou celles que je m'impose pour répondre aux attentes des autres ?
- Ma personnalité et mon comportement sont-ils en harmonie ?

Lorsque tu découvriras qui tu es vraiment, tu entreverras la clé pour devenir celui que tu veux être. Tu auras dès lors beaucoup plus de facilité à te centrer sur tes véritables aspirations, sur ce que tu dois faire pour les atteindre, ce que tu dois changer pour faciliter ta progression, et ce que tu peux améliorer dans ta personnalité pour réussir les projets que tu désires entreprendre.

« Se connaître c'est bien, s'inventer c'est mieux ! »

Tu connais la maxime de Socrate, mais je te propose de réfléchir à l'aspect dynamique de celle du philosophe André Moreau : « *Se connaître c'est bien, s'inventer c'est mieux !* » Que penses-tu de cette idée d'inventer ta personnalité ? De chercher à devenir meilleur ? Les bons cherchent toujours à s'améliorer. Même s'ils réussissent actuellement et qu'ils dominent leur discipline, plusieurs athlètes ainsi que de nombreux artistes et gens d'affaires me consultent encore. Pourquoi ? En les écoutant, j'ai découvert qu'ils sont au sommet de leur art tout simplement parce qu'ils ne laissent rien, absolument rien au hasard. Ils savent ce qu'ils veulent et prennent tous les moyens pour y arriver.

Tu veux réussir, tu veux changer ta vie ? Pour cela, tu dois d'abord te changer toi-même. Et changer, ça veut nécessairement dire s'améliorer. On change toujours pour le mieux. Personne ne veut recevoir moins de la vie, être moins intelligent, moins travailleur, moins discipliné, moins instruit, moins motivé et surtout, moins performant. Tous les gens veulent plus. Tu veux obtenir plus de la vie ? Tu veux être meilleur toi aussi ? Tu veux être plus fort, plus souriant, plus courageux, plus optimiste ? Tu cherches à obtenir plus d'impact, plus de résultats, à démontrer plus de leadership ? Alors, prends la décision de te construire une personnalité gagnante.

Prends cette décision aujourd'hui même. Pourquoi attendre une journée de plus ? Apprends d'abord et avant tout à ne pas remettre tes décisions à plus tard, surtout celles qui concernent ton développement personnel et ton avenir. N'attends pas à demain, seul aujourd'hui compte. Aujourd'hui, c'est le JOUR J : celui où tu prends la décision de transformer ta personnalité. Le fait de prendre ta décision aujourd'hui même aura un effet d'entraînement sur ton attitude. Prends cette décision immédiatement et tu ressentiras aussitôt un surplus d'énergie.

> Prends ton *Cahier d'entretiens* et, sur une belle feuille blanche, inscris : CE QUE JE VEUX CHANGER DANS MA VIE ! Il n'y a aucune raison pour que tu continues à être cette personne que tu as été jusqu'à présent. Tu peux changer tout ce qui ne cadre plus avec ce que tu cherches à accomplir. Tout ce qui te retient. Tout ce qui t'empêche d'avancer en direction de tes rêves.

Il n'y a aucune limite à ce que tu peux changer. Peu importe ce que tu fais dans la vie, peu importe tes revenus, ton âge ou ta situation, peu importe que tu sois présentement aux études ou que tu mènes une carrière sportive, commerciale ou scientifique, que tu travailles pour une grande entreprise ou que tu diriges ta propre affaire, si tu penses que certains comportements limitent ta progression, n'hésite pas à les changer. Change tes habitudes, change ton attitude, change tes objectifs, change tes pensées, change tes amis si ceux que tu fréquentes te retiennent depuis trop longtemps à leur niveau, s'ils sont devenus des entraves que tu traînes et qui te condamnent à l'inaction.

Tu peux aussi changer ton caractère si tu penses que cela pourrait t'aider à t'améliorer. Tu peux changer ta façon de voir les choses, ta façon de considérer l'avenir, ta carrière, ton travail, tes loisirs. Change tes pensées négatives pour des pensées positives. Change tes défis en occasions d'apprendre. Transforme tes problèmes en projets. Change tes lectures et tes mauvaises habitudes. Change ton fusil d'épaule, essaie de voir la vie d'une façon différente, d'envisager l'avenir avec optimisme, lève-toi plus tôt, mange mieux, adopte des habitudes de vie plus saines, entreprends un programme d'exercice, ferme ton ordinateur, ton iPod, ton mobile, réduis ta consommation d'alcool si tu crois que cela nuit à ton développement et cesse de fumer si tu penses que cela ne t'apporte rien.

Ne fais pas comme ce type qui racontait qu'il avait lu tellement de choses négatives à propos de la cigarette et de la fumée de tabac qu'il avait décidé… d'arrêter de lire ! Tu vois, je m'amuse, mais c'est pour te démontrer que lorsque tu prends la décision de changer, ce n'est tout de même pas dramatique. Au contraire, c'est un exercice stimulant et excessivement créatif, et celui qui va bénéficier de tous ces changements, c'est toi.

Complète la liste en réfléchissant à ce que toi, tu aimerais vraiment changer dans ta vie. Tu en as sûrement assez de certaines habitudes, assez de toutes ces chaînes qui te retiennent. Libère-toi… Achève bien cette liste, relis-la et encercle les éléments que tu juges les plus importants à changer, ceux sur lesquels tu dois absolument focaliser ton attention.

Il y a trois éléments qui apparaissent sûrement sur ta liste et sur lesquels je vais maintenant te demander de t'acharner en priorité tous les jours de ta vie : l'attitude, l'estime de soi et la confiance en soi.

1- L'ATTITUDE

Chaque situation, chaque événement, chaque défi auquel tu fais face a un impact sur ta vie : un impact positif ou un impact négatif. Encore une fois, c'est toi qui choisis. T'es-tu déjà demandé pourquoi certaines personnes semblent plus facilement affectées que d'autres par les événements ? Et pourquoi certains peuvent-ils affronter les pires situations sans broncher ? La différence, c'est l'attitude !

C'est ton attitude qui détermine que tu vas réagir positivement ou négativement à une situation, que tu seras d'accord ou non avec ce qui t'arrive, que tu seras prêt à répliquer à l'adversité ou à tout laisser tomber. L'attitude, c'est le mot magique ! Magique, parce qu'il transforme les situations difficiles et leur impact. Magique, parce qu'il modifie ta perception par rapport à ce qui t'arrive et aussi, la façon dont les autres te perçoivent. Les gens ne connaissent pas tes résultats, mais ils peuvent lire dans tes yeux, voir l'expression sur ton visage. Affiches-tu l'expression d'un être désespéré ou d'un gagnant ?

Bien sûr, on vit tous de mauvaises périodes ! Tu viens de perdre ton emploi ? Tu es en retard dans tes paiements ? Ta copine vient de te laisser tomber ? Que veux-tu, c'est la vie ! Nous vivons tous des moments difficiles. Ce n'est pas ce qui t'arrive qui importe, c'est ce que tu fais avec ce qui t'arrive ! Quelles que soient les difficultés qui t'assaillent en ce moment, dis-toi qu'elles finiront par passer. Le temps efface tout. Même un failli est libéré de sa faillite après neuf mois et, s'il le désire, il peut recommencer sa vie, concevoir des projets et s'employer à les réaliser.

Ce qui importe, si tu fais face à une difficulté, c'est de te sentir plus grand que celle-ci. Tu es un géant, ne l'oublie pas. Tu possèdes un pouvoir incroyable. Ne le cède jamais à personne, surtout pas à une situation fâcheuse ou à un événement. Considère plutôt ces circonstances comme une occasion de démontrer ta force de caractère, ta confiance et ton leadership. Prends les commandes face aux problèmes qui te tracassent. Réfléchis. Concentre ton attention. Il y a toujours une solution et tu fais définitivement partie de celle-ci. Dans tous les cas, ton attitude est ta meilleure alliée.

De toute façon, que peux-tu changer à ce qui t'arrive? Absolument rien!... Tu peux seulement changer ton attitude!... C'est ton attitude qui te permet d'accepter ou de refuser les situations; c'est ton attitude qui te stimule à te relever les manches et à foncer plutôt que de plier bagage; c'est ton attitude qui te force à te redresser face à une épreuve, à riposter et à contre-attaquer.

Accepte le fait que rien ne t'est dû, que rien n'arrive par hasard ou par chance, que tout dépend de toi, de ta perception des faits et de ton attitude face à ces faits. L'attitude n'est pas la conséquence de la réussite. Ce serait trop facile: *« Ça va bien... je réussis... j'ai la bonne attitude. Ça va mal! Alors là, ça ne marche plus! »* C'est plutôt l'inverse qui correspond à la réalité: la réussite est la conséquence d'une bonne attitude. Ce n'est pas compliqué, si tu n'as pas la bonne attitude, tu as déjà perdu avant même de commencer!

Sais-tu combien de projets ont été réalisés dans l'adversité? Combien de gens ont réussi à imposer leurs idées ou à réaliser leurs rêves dans des circonstances dramatiques et face à des obstacles que plusieurs auraient qualifiés d'insurmontables? Tu ne dois quand même pas t'attendre à ce que ta réussite soit facile. Que vaudrait alors cette réussite? Tu peux certes anticiper que le chemin qui t'y mène sera difficile, mais sois conscient que tu pourras toujours compter sur ton attitude lorsque des défis se présenteront. Garde toujours ta même attitude face à n'importe quelle situation et un jour, inévitablement, le vent tournera.

CHOISIS D'ÊTRE UN GAGNANT !

Les gagnants se démarquent par leur attitude mentale, par cette capacité qu'ils ont de tirer le meilleur parti de chaque situation, de toujours donner le meilleur d'eux-mêmes, peu importe les circonstances et de contenir leurs émotions lorsque ça n'avance pas à leur goût. Les émotions négatives ont aussi un rôle à jouer dans ton développement personnel. Il ne faut pas en avoir peur.

Si tu fais face à des difficultés, accepte d'abord les émotions qu'elles soulèvent. Si tu refuses une émotion associée à un événement malheureux, tu ajoutes une seconde émotion négative à la première. Tu te fais deux fois plus de tort. Accepte l'émotion, prends-en conscience, prends conscience de ce qu'elle provoque en toi et ensuite, quand tu l'auras ressentie totalement, dans tout ton être, décide de la laisser aller et poursuis ta route… sans te plaindre !

Tu ne verras jamais un gagnant en train de se plaindre ou de critiquer. Après un échec, il ne cherche pas à blâmer qui que ce soit. Il accepte que parfois ses actions ne le mènent pas directement à ses objectifs, mais il sait conserver son attitude malgré sa déception. Plutôt que de chercher un coupable, il tente de trouver les leçons à tirer, puis il passe à autre chose. Ne t'inquiète pas pour lui, il rebondira ! Comme dit si bien Robert Schuller « *Quand les temps sont durs, c'est le temps des durs !* » L'attitude d'un gagnant le rend invulnérable à toute situation. Sa devise : APRÈS LA PLUIE, LE BEAU TEMPS !

Ne laisse jamais un événement ruiner ta journée ! N'attribue pas aux gens une influence qu'ils n'ont pas ! N'abandonne pas ton pouvoir personnel. Je ne veux pas dire qu'il faut nier la réalité. Celle-ci est encore beaucoup plus présente lorsque ça ne marche pas comme on le souhaiterait. Mais plutôt que de focaliser toute ton attention sur le problème, pense à ce que tu peux faire. Pense toujours solution et adopte l'attitude que tu aurais si tu avais déjà relevé le défi auquel tu fais face.

Tu viens de vivre une mauvaise semaine ? Un mauvais mois ? Une année de misère ? Fais comme tous les gagnants : RÉAGIS IMMÉDIATEMENT ! Choisis la partie de toi qui cherche à faire plus, à réaliser plus, à gagner plus ! Le gagnant en toi, c'est ton espérance, ta foi en l'avenir. Le perdant, ce sont tes doutes, tes craintes, tes peurs. Tu possèdes le pouvoir de choisir, alors choisis l'attitude du gagnant et concentre ta pensée sur ce que tu peux faire dans la situation que tu vis.

Voici maintenant un point crucial : ton attitude, c'est tous les matins que tu dois y penser. On ne peut jamais prévoir tout ce qui peut se produire dans une journée. Prépare-toi mentalement, à réussir, mais également à échouer. Sois prêt à faire face à n'importe quel défi, à accueillir toutes les difficultés qui se présenteront, tout particulièrement celles que tu n'auras pas anticipées. Et pour cela, il n'y a rien de tel que de lire une demi-heure tous les matins comme je te l'ai recommandé plus haut.

Si ce n'est déjà fait, adopte cette habitude : lève-toi une demi-heure plus tôt et plonge-toi dans un livre inspirant, par exemple la biographie d'une personne qui a dû surmonter des épreuves et qui a affronté de nombreux contretemps pour mener son projet à bien. Quand tu refermeras ton livre, choisis consciemment de ne pas avoir une seule pensée négative pour les prochaines vingt-quatre heures. Pense plutôt à tes projets et à la façon dont tu emploieras ton temps au cours de cette journée pour les faire avancer.

N'oublie pas non plus le pouvoir que possède l'autosuggestion d'agir sur ton attitude mentale. Si présentement, tu es conscient que tu as un sérieux problème d'attitude, décide de le régler une fois pour toutes. Pour t'aider, fais-toi une affirmation et répète-la tous les matins : « *Je me sens bien, je me sens d'attaque. Quelle belle journée pour accomplir mes rêves* ! *Amenez-moi des défis, je suis prêt* ! *J'ai mon armure : une attitude de gagnant !* »

Apprends également à avoir toujours quelque chose de positif à dire à tous ceux que tu rencontres. Il y a tellement de gens négatifs qui cherchent à entraîner les autres dans leur sillage ! Décide d'être différent. Choisis d'être optimiste. Cela t'aidera à maintenir ton attitude. L'attitude que tu choisis d'avoir chaque jour est plus importante que les faits. Même si ceux-ci te renvoient pour le moment une image de toi-même qui ne correspond pas exactement à tes désirs et à tes rêves, n'oublie jamais qu'il y a en toi un champion qui cherche à émerger. Ne l'arrête pas ! Ne l'empêche pas de s'exprimer ! Laisse-lui la chance de gagner son pari !

2- L'ESTIME DE SOI

L'estime de soi, ce n'est rien d'autre que la valeur que tu t'attribues. Elle provient d'abord et avant tout de tes parents. Si tes parents t'ont toujours encouragé, t'ont toujours dit : « *Vas-y, t'es capable* », il est normal que tu te sois construit une bonne estime de soi. Mais si tes parents t'ont toujours dit le contraire : « *Tu ne seras jamais capable de réussir* », je doute que ton estime de soi soit forte présentement. Il est donc de première importance qu'aujourd'hui, tu recherches la compagnie de personnes qui croient en toi, qui croient en tes capacités et en tes projets. Il est primordial que tu te formes un groupe de soutien, comme nous le verrons lors d'un autre entretien.

Toutes les personnes avec lesquelles tu entres en relation ont une grande influence sur ton estime de soi. Souvent, ce sont des personnes qui sont ou qui ont été en position d'autorité, par exemple tes professeurs ou tes coaches sportifs. Ainsi, par son attitude et ses encouragements, un coach exerce une profonde influence sur tous ceux qui jouent dans son équipe.

Chacun garde longtemps en mémoire ce sourire ou ce témoignage de confiance qu'il a ressenti lorsque, à un moment crucial d'une partie, le coach l'a lancé dans la mêlée. L'attitude, les gestes et les paroles de toute personne en position d'autorité contribuent à accroître l'estime de soi d'un individu. Mais tu as aussi un grand rôle à jouer dans la progression de ta propre estime de soi.

Si l'image que tu as de toi présentement est négative, sache que tu peux t'en libérer si tu décides de le faire. Réalise d'abord qu'il n'y a aucune raison pour que tu te rabaisses ainsi. Relis la liste des qualités que tu t'es découvertes lors du dernier entretien. Tu peux sûrement en ajouter une ou deux autres. Pense à tes forces et commence à agir dès aujourd'hui comme celui dont tu rêves, jusqu'à ce que tu le deviennes.

J'ai travaillé longtemps avec des athlètes en difficulté. Parmi ceux-là, j'en ai même connu un qui n'avait qu'un bras avec deux doigts et qui a pourtant gagné une compétition internationale de course en fauteuil roulant.

Au premier abord – tu en conviendras –, il n'avait aucun avantage. Mais il avait confiance en lui et il était doté d'une détermination inébranlable. Son handicap ne l'empêchait pas d'avoir une très haute estime de lui et de croire en ses possibilités.

Tu vois, tout le monde a une chance ! Il faut juste savoir la saisir ! Tous les grands athlètes que j'ai aidés avaient un talent inné. Mais ce ne sont pas uniquement leurs talents qui ont fait d'eux les meilleurs de leur discipline. C'est leur capacité de rêver, de croire en eux, cette aptitude à vivre pleinement le moment présent, qui les poussent toujours à se dépasser et à vouloir être les meilleurs. J'ajoute que tous possédaient une estime de soi très élevée, qu'ils ont réussi à bâtir au fil des ans parce qu'ils avaient confiance en leurs possibilités et savaient prêter attention aux encouragements de ceux qui croyaient en eux.

Demande à un champion, dans quelque discipline que ce soit, qui est le meilleur au monde dans son domaine. Il te répondra que tel ou tel athlète possède des qualités incroyables et, publiquement, il fera l'éloge des mérites de ses adversaires. Mais à l'intérieur, il se dit : « *Le meilleur, c'est moi !* » Il n'y a rien de mal à cela et ce n'est pas présomptueux de sa part. S'il veut gagner, un athlète se doit de penser qu'il est supérieur et démontrer une confiance extrême en ses capacités.

Quand tu démontres ta confiance, ce n'est pas de l'arrogance et il ne s'agit pas d'être imbu de toi-même, de te sentir suffisant et plein d'importance, mais c'est plutôt une force ! D'être pleinement conscient de tes capacités et de croire en ta valeur. De reconnaître que tu es unique. Que tu n'es pas parfait, certes, mais que comme la plupart des gens, tu possèdes des forces et aussi certaines faiblesses. Accepte ces faiblesses.

Accepte le fait que tu es comme tu es. Et admets également que tu peux changer, que tu peux t'améliorer et que tu changeras pour le mieux parce que tu mérites ce qu'il y a de mieux.

N'essaie pas d'être quelqu'un que tu n'es pas. L'estime de soi, c'est personnel. Tu ne peux emprunter celle d'un autre. Tu seras toujours plus efficace quand tu te permettras d'être toi-même. D'être authentique. T'accepter tel que tu es, c'est le point de départ. C'est la première chose que tu dois reconnaître si tu veux améliorer ton estime de soi.

La reconnaissance d'autrui a un effet bénéfique sur l'estime de soi d'un individu. Je suis persuadé que lorsqu'on reconnaît ta contribution ou qu'on te félicite pour tes actions, ton estime de soi fait un bond en avant. Mais n'attends pas l'approbation de quelqu'un pour apprécier ta véritable valeur et ton importance en tant qu'individu. Certains ont absolument besoin qu'on leur confirme sans arrêt qu'ils sont bons, qu'on les accepte, qu'on les aime et qu'on approuve ce qu'ils font et ce qu'ils sont. La seule approbation dont tu as besoin, c'est la tienne. C'est tout ce qui compte : que tu sois fier de toi, que tu sois conscient de ta valeur, même si tu fais parfois des erreurs et que tu n'as encore rien réalisé qui vaille la peine d'en parler.

Voici maintenant un point capital : il faut que tu sois et non que tu deviennes celui que tu es ! Sache que celui que tu voudrais être, celui que tu vois dans tes rêves, tu l'es déjà ! Tu ne t'es peut-être pas manifesté jusqu'à présent, mais ce n'est qu'une question de temps avant que tu ne projettes enfin l'image de ce qui t'anime inconsciemment, celle de ta vraie nature. Agis comme celui que tu veux être. Sois celui dont tu rêves !

Jusqu'à aujourd'hui, tu n'as fait qu'incarner le type de personne que tu croyais être. L'image de toi que tu t'imposais. Tu vivais entre les murs que tu as toi-même érigés autour de toi. Mais tu peux te libérer, sortir de ces murs et être celui que tu es vraiment. Tu n'as pas encore appris à faire fi de la réalité. Tu as de toi une image et tu agis encore en fonction de cette image. C'est un peu comme si tu regardais la vie par le trou d'une serrure !... Ouvre la porte !... Tu verras tout ce qui t'attend !

3 - LA CONFIANCE EN SOI

Voilà un de mes sujets de prédilection. Je t'avoue qu'à mes débuts, je manquais énormément de confiance en moi et en mes capacités. Pour tout dire, mon niveau de confiance, sur une échelle de zéro à dix, frisait le zéro. Je doutais de moi-même, de mes talents et de mes capacités. Évidemment, il n'est pas facile d'avoir confiance en soi lorsqu'à l'école ou à la maison, on vous a appris le contraire. La confiance en soi, comme l'absence de celle-ci, provient en grande partie de notre éducation, de nos milieux familial et scolaire, et aussi de nos expériences passées et de notre façon de réagir, particulièrement lorsqu'il s'agit d'expériences négatives. Ces expériences laissent des traces dans le subconscient qui peuvent neutraliser un individu des plus talentueux.

J'ai été témoin de ce que certains peuvent faire ou dire lorsqu'ils manquent de confiance en eux. La peur avait réussi à paralyser tous leurs moyens. Un manque de confiance en soi se traduit très souvent par une peur irraisonnée, accompagnée parfois d'un état d'anxiété prononcé. Pourtant, montre-moi une personne qui a réussi et je t'assure que cette personne a eu peur à un moment de sa vie. Plusieurs parmi ceux qui réussissent ont d'abord vaincu leur peur et ce fut décidément leur plus grande victoire.

Si tu manques de confiance en toi, dis-toi qu'il y a de l'espoir : tu peux vaincre tes peurs. Essaie de savoir d'où provient ce manque de confiance. Si quelqu'un t'a dit, lorsque tu étais jeune, que tu n'arriverais à rien, tu peux continuer à écouter cette voix ou tu peux refuser de l'entendre. Si aujourd'hui ton niveau de confiance en soi est si bas, c'est parce que tu as cru à ces stupides commentaires. Tu n'es pas obligé de continuer à y croire ! D'ailleurs, de qui venaient ces commentaires ? D'une personne que tu admires ? Les gens que l'on admire ne disent pas de telles sottises. Ils n'essaient pas de rehausser leur prestige en rabaissant les autres.

Tu as déjà vécu un échec, un revers ? Mon cher ami, si tu savais le nombre d'échecs que j'ai connus ! Et le nombre de refus, je n'en parle même pas ! Il serait impossible de tous les compter. Et de toute façon, ça ne m'intéresse pas de savoir combien de fois j'ai pu faillir dans ma vie. Ce qui importe, ce sont les réussites, les moments de bonheur, les victoires !

Le manque de confiance en soi est sûrement un des problèmes les plus sérieux que je rencontre. Pourtant, ce n'est qu'un problème de prise de conscience. Tu veux t'en sortir ? Tu veux accroître ton niveau de confiance en toi ? La première chose que tu dois faire, c'est croire en toi. Personne ne peut réussir sans d'abord croire en soi et en ses capacités. Tu n'espères quand même pas que les autres croient en toi et en tes projets si tu n'y crois pas toi-même ! Aie confiance en toi. La confiance en soi est non seulement nécessaire, mais elle est essentielle à ta réussite.

Ce n'est malheureusement pas un trait de caractère qui s'apprend. Il s'acquiert!... Comment? En faisant face à ce que tu crains le plus! Pour vaincre tes peurs, il n'y a qu'un seul moyen: engage-toi dès maintenant à toujours faire ce qui te fait peur. Remplace «*Je ne peux pas*» par «*Je dois le faire et je vais le faire*». Quel que soit le défi qui se présente, affronte-le. Considère ce défi comme une occasion de développer davantage tes talents, comme une opportunité qui se présente afin d'accroître ton niveau de confiance.

Imagine combien tu vas grandir quand tu vas commencer à affronter tes peurs. Tu vas pouvoir repousser tes limites. Même les petites tâches qui te font peur, affronte-les. Chaque réussite, aussi petite soit-elle, accroîtra ton niveau de confiance en toi. Tu fais une carrière dans la vente et tu n'aimes pas faire des rencontres à froid (*cold call*)? Alors fais-en cinq la semaine prochaine, fais-en dix si tu le peux. La première est la plus difficile. Mais après mille... cela devient un jeu! Ne te préoccupe surtout pas des critiques et de ceux qui les expriment. Même si personne ne croit en tes projets, la seule chose qui importe, c'est que toi, tu y crois!

La confiance «hyperbolique»

Il y a quelques années, j'ai demandé au philosophe André Moreau d'écrire un article sur la confiance, que je devais insérer dans une communication. Voici un extrait de ce texte, le meilleur que j'ai lu sur le sujet. Prépare-toi, ça secoue!

«*Le doute n'est pas profitable. On comprendra que j'aie choisi la confiance. Mais attention ici! Je ne veux pas d'une confiance limitée. Je veux pouvoir m'établir dans celle-ci avec la même détermination que Descartes lorsqu'il fonde le doute méthodique. J'aurai confiance au point d'effrayer ceux qui m'entourent par la radicalité de ma résolution.*

Descartes, après avoir douté de tout, avait imaginé un Grand Trompeur, un Malin Génie, dont le rôle serait de s'assurer qu'il ne peut pas douter davantage. La Tradition a appelé ce doute nouveau, surajouté à l'autre, « le doute hyperbolique ». Eh bien, voilà mon affaire ! Ma confiance sera « hyperbolique ».

Ce sera la confiance qui m'apporte le supplément de conviction, me permettant de m'assurer que j'ai vraiment confiance. Ce sera la prétention absolue par laquelle je m'inscris dans la confiance sans jamais vouloir en démordre.

On me jugera radical, excessif, sans nuance. Peu importe ! Ma foi sera ma locomotive ! Même à genoux, cerné de toutes parts, exposé aux pires souffrances, ma foi ne sera pas entamée. On me croira fini. Non ! Tel le Phoenix, prenant son envol sacré, je renaîtrai de mes cendres ! » Et André de conclure « *la confiance réveille en nous une puissance endormie, notre Être ! Et tant qu'il y a de l'Être…* »

Décide de t'améliorer !

Bien sûr, au-delà de l'attitude, de l'estime de soi et de la confiance en soi, si tu tiens vraiment à te construire une personnalité gagnante, il y a d'autres traits de caractère que tu devras songer à améliorer. Je pense, entre autres, à l'enthousiasme, à l'audace, au courage, à la persistance et à la détermination. Nous y consacrerons d'ailleurs une bonne partie du huitième entretien.

Si tu veux parfaire tes connaissances, je sais que plusieurs livres ont été écrits sur ce sujet. Demande à notre ami Google de t'aider. Sinon, rends-toi dans une bibliothèque ou dans une librairie et je suis convaincu que si tu cherches un peu, tu découvriras de nombreux bouquins sur le développement personnel et l'amélioration de soi.

> Pour le moment, concentre ta pensée sur ce que tu es, et aussi sur celui que tu cherches à devenir. Prends ton *Cahier d'entretiens* et réfléchis à ces questions :
>
> - Quelle est ma plus grande force ? Qu'est-ce qui me différencie de tous les autres ?
> - Quelle est ma plus grande qualité, celle qui fait de moi un être unique ?
> - Comment est-ce que j'évalue mon attitude ? Mon estime de soi ? Mon niveau de confiance en moi ?
> - Qu'est-ce que je veux changer ?

Tu vois, il n'y a que quatre questions, mais tu pourrais facilement y consacrer quelques heures. Prends ton temps ! Réfléchis ! Tu dois absolument savoir d'où tu pars, savoir ce qu'il te faut changer pour être meilleur, et prendre la décision de changer. Tu dois le désirer ardemment, de tout ton être !... Avoir excessivement envie d'être meilleur !... Il ne s'agit pas simplement d'un souhait, mais d'un désir véritable. Si tu es prêt à faire ce qu'il faut, à te discipliner et à payer le prix, si tu aspires à être vraiment meilleur et que tu choisis d'être meilleur, JE PEUX TE GARANTIR QUE TU VAS RÉUSSIR !

Relève le défi de t'inventer. De te construire une personnalité de gagnant. Une personnalité rayonnante et attachante. Tu le mérites et je suis persuadé que tu t'estimes suffisamment pour cela. Tu seras d'ailleurs amplement récompensé. Les gens adorent les gagnants !

Qu'ils proviennent du domaine des arts, des sports ou du cinéma, les héros de notre jeunesse étaient tous des gagnants ! Superman, Davy Crockett, Maurice Richard ou Guy Lafleur, qui n'a pas rêvé de rencontrer son héros, ne serait-ce que pour quelques minutes ou pour tout simplement lui serrer la main ? Et si ça t'est déjà arrivé de rencontrer un gagnant, je suis certain que ces quelques minutes ont eu un effet positif sur ton attitude et peut-être même sur toute ta vie.

Parce que le magnétisme des gagnants est contagieux ! Les gagnants rayonnent. Leur charisme ravive tous ceux qu'ils rencontrent. En compagnie d'un gagnant, on se sent bien !... On s'aime davantage !... Alors, si ce n'est déjà fait, décide, toi aussi, d'être un GAGNANT !!!

L'ATTITUDE D'ARIANE CLOUTIER

Entrepreneure et artiste dans l'âme, Ariane déborde d'énergie ! C'est d'ailleurs cette même énergie qu'elle transmet dans ses animations et lors des défis d'équipe qu'elle planifie pour ses clients.

En 2010, sa personnalité d'entrepreneure prend le dessus et l'incite à cofonder l'entreprise *Les Coups de Pieds*, à rédiger et à éditer avec sa partenaire le livre *Un coup de pied bien placé*. Deux ans de succès plus tard, Ariane rachète les parts de sa partenaire et se lance seule aux commandes de son entreprise pour faire évoluer ce concept original.

L'attitude pour Ariane, c'est tout simplement la façon dont on réagit face aux diverses situations qui jalonnent notre vie. Pour avoir la bonne attitude, il s'agit de ne pas perdre la tête et de garder sa bonne humeur. C'est oser prendre son nez de clown et ne pas se prendre trop au sérieux. « *Ça ne veut pas dire,* nous dit-elle *que ma vie est parfaite, que je ne traverse pas de moments difficiles ou qu'il n'y a pas de nuages gris qui menacent parfois ma quiétude. Non, ma vie n'est pas toujours rose. Cependant, j'essaie de focaliser sur ce qui va bien au lieu de ce qui va mal. Je me dis qu'il vaut mieux parfois en rire qu'en pleurer !* »

«Avoir une bonne attitude, poursuit-elle, *permet de mieux vivre les situations difficiles. Je crois qu'elles arrivent dans nos vies pour justement nous apprendre quelque chose à propos de nous. La vie ne nous les envoie pas sans raison. J'accepte de les vivre, d'en tirer les leçons et de mettre à nouveau mon nez de clown pour aller de l'avant.*

Il ne sert à rien de m'apitoyer sur le monde qui m'entoure et de le blâmer. Cette attitude qui consiste à se considérer comme une victime, est très malsaine. Elle ne nous ouvre pas de pistes de solutions. Il faut refuser cette attitude et retrouver le joyau qui brille à l'intérieur de nous. Celui-ci correspond à notre joie de vivre et à notre pouvoir de faire face à ce qui se produit. L'important d'ailleurs n'est pas ce qui arrive, mais comment nous réagissons. C'est dans les situations difficiles que l'on découvre nos forces. Certains vont s'écraser et d'autres vont se relever.»

Dans ses animations de divertissement réfléchi en affaires, Ariane propose justement de retrouver le plaisir de travailler et donne des trucs pour le cultiver et le maintenir en vie. À son avis, la communication par le plaisir est un outil très puissant pour dédramatiser ce qui nous arrive. Les artistes en affaires font preuve de beaucoup d'humilité en portant des costumes farfelus. Ils n'ont pas peur du ridicule. Allez souriez et la vie vous le rendra!

www.lescoupsdepieds.com

ENTRETIEN **4**

PASSION, MOTIVATION, ACTION !

« *Je ne crois pas que mon cerveau soit exceptionnel; je suis seulement plus obstiné et plus passionné que la plupart des gens.* »

– Albert Einstein

« *Les pilotes se moquent de marcher; ce qui les motive, c'est de pouvoir voler!* »

– Neil Armstrong

« *Ce que vous pouvez faire ou ce que vous pensez pouvoir faire, commencez-le! L'audace a du génie, de la puissance et de la magie.* »

– Goethe

ENTRETIEN 4

PASSION, MOTIVATION, ACTION !

Avant l'entretien déterminant qui portera sur le choix du projet que tu décideras de te donner, je désire attirer ton attention sur trois facteurs incontournables de la réussite : la passion, la motivation et l'action. Les gens passionnés et motivés n'hésitent pas à agir. Ils se fixent des objectifs ambitieux et suivent leur plan de match à la lettre, jusqu'à la matérialisation de ce qu'ils ont au départ imaginé, créé, ou adapté à partir d'une toute petite idée qui est apparue soudainement dans leur pensée, et qu'ils ont décidé de réaliser contre vents et marées.

Un peu, beaucoup, passionnément...

Tu te souviens de cette phrase qu'on récitait en effeuillant une marguerite ? La passion, c'est le summum. Quand tu te passionnes pour un sujet, ta passion devient ta force absolue. C'est ton avantage concurrentiel imbattable, la seule façon dont tu puisses vraiment te démarquer des autres. Elle est indispensable à quiconque choisit un métier, une carrière, une profession ou quelque autre façon que ce soit d'exprimer sa différence. Indispensable et inéluctable ! La passion, c'est le moteur qui te fournira la détermination et la volonté nécessaires pour traverser les multiples épreuves et toutes les difficultés qui ne manqueront pas de se dresser entre toi et la réalisation du projet que tu imagineras.

Souvent définie comme une émotion puissante, une inclination vive à l'égard d'un objet, d'une discipline, d'un loisir, d'une activité ou d'un projet – je fais volontairement abstraction d'une émotion à l'égard d'une autre personne, ce qui constitue une énigme – la passion est ce qui provoque l'enthousiasme d'un individu. C'est ce qui lui apporte son entrain, son ardeur au travail, son élan et sa ferveur.

Lorsque tu entends quelqu'un parler d'un sujet qui te passionne, je suis persuadé que tu portes rapidement attention à ce qui se dit, que ton regard s'illumine, que tes pupilles se dilatent et que ton désir d'écouter se mêle à ton désir d'intervenir, de te joindre à la conversation, d'ajouter un mot, un commentaire, une opinion afin de bien faire savoir à l'autre que tu partages son émotion.

La passion est incitative. Elle donne envie d'en savoir plus sur le sujet, d'en apprendre davantage, d'étudier, d'aller au fond des choses, de se perfectionner, de fouiller dans des bouquins ou sur des sites spécialisés afin d'accéder aux informations qui nous manquent, bref, à tout ce qui pourrait accroître notre compétence. C'est également ce qui donne la force à un athlète, à un acteur, à un musicien ou à un acrobate, de s'entraîner, de pratiquer encore et encore, pendant des journées entières, afin de s'améliorer sans cesse et de poursuivre son rêve.

Je ne connais d'ailleurs aucun athlète qui excelle dans deux disciplines différentes. Certains possèdent sûrement le talent nécessaire et pourraient offrir de très bonnes performances dans deux ou trois disciplines, mais ils ne peuvent vraiment exceller que dans celle qui les passionne, cette seule discipline à laquelle ils décident d'accorder tout leur temps, toutes leurs pensées et toutes leurs heures d'entraînement.

Einstein prétendait que « *l'essentiel réside dans l'effort obstiné à propos d'un sujet qui nous passionne* ». C'est tellement simple, comme tout ce qu'affirmait ce grand génie qui a réussi à réduire à leur plus simple expression les plus grands principes de l'univers : tu n'apprendras jamais, tu ne deviendras jamais compétent dans ton domaine d'activité si tu n'es pas passionné par celui-ci.

Prends ton *Cahier d'entretiens* et réfléchis à ces questions :

- Est-ce que j'aime vraiment ce que je fais actuellement ? La carrière, le métier, le sport, l'entreprise ou le mode de vie que j'ai choisi ?
- Est-ce que je sais pourquoi je fais ce que je fais ? Pourquoi ai-je choisi ce métier ou cette carrière professionnelle ?
- Est-ce que j'ai envie d'y passer le reste de mes jours ?
- Qu'est-ce qui me passionne vraiment dans la vie ?
- Comment est-ce que je me sens quand j'y pense ?

- Qu'est-ce que je compte faire pour vivre en harmonie avec ce qui me passionne ?

La vie, c'est un peu comme une roue qui tourne sans fin et qui nous consume lentement. Ne la passe pas dans un domaine d'activité, dans un métier ou une carrière que tu n'aimes pas. Si ton travail ne te passionne plus, ne reste pas là. Si ton cœur n'y est plus, sors de là. Sinon, tu vas tomber dans la routine, dans l'encroûtement et la monotonie, et cela n'est vraiment pas plaisant. Pour réussir, il faut absolument que tu aies du plaisir. Une carrière, c'est souvent toute une vie, et une vie, c'est beaucoup trop court pour la consacrer à quelque chose qui t'ennuie.

Ne fais pas comme tous ces gens qui n'aiment pas vraiment ce qu'ils font dans la vie, mais qui s'accrochent, qui survivent désespérément. Ils vivotent d'une fin de semaine à l'autre, aplatis, déprimés entre les *blues* du lundi matin et le fameux *Thank God it's Friday !* La vie, ce n'est pas que les week-ends !... C'est tous les jours !

Si tu n'as pas encore vraiment fait ton choix de métier, de carrière ou de profession, ou si celui-ci est seulement le fruit du hasard, arrête-toi un instant et refais ton choix. Pense aux raisons qui l'ont motivé et, avec discernement et en toute conscience, repense à nouveau ton métier, ta profession, ton sport, ta carrière ou l'entreprise pour laquelle tu travailles. Tu verras le surplus d'énergie que ce choix te procurera.

Sinon, décide de faire autre chose, ou de te créer un projet à partir de ta passion comme nous le verrons dans le prochain entretien. Un gagnant se distingue des autres non pas à cause de ses talents, même si ceux-ci comptent pour beaucoup, mais à cause de sa passion pour ce qu'il fait. La passion prime toujours sur le talent. Je connais des gens qui possèdent des talents musicaux incroyables, mais aucune envie de faire carrière dans le monde du spectacle.

Si ce que tu fais présentement ne te passionne pas ou encore, si cela a déjà constitué une passion mais que celle-ci s'est effritée au fil du temps, malgré tout le talent que tu possèdes, le chemin vers la réussite va te paraître pénible, ardu et peut-être même, suffocant! Il n'est pas trop tard pour recommencer!... Choisis de faire ce que tu aimes, ce qui te passionne... et fais-en un succès!

Possèdes-tu de bons motifs d'action?

La réussite exige également que tu t'investisses à 100 % dans ce que tu fais. Or, il te sera impossible de toujours donner le meilleur de toi-même sans une bonne mesure de motivation. Je le sais car plusieurs personnes qui me consultent m'assurent qu'elles veulent réussir, qu'elles aiment vraiment ce qu'elles font, mais elles m'avouent qu'elles manquent de motivation.

Qu'est-ce donc que la motivation? *Antidote* la définit comme un ensemble de raisons qui poussent une personne à agir. Comme un lien entre un acte et les raisons à l'origine de cet acte: les motifs d'action, les raisons d'agir. Y a-t-il des raisons qui te poussent à agir actuellement? Quelles sont-elles? Quels sont tes buts?

As-tu déjà pensé à définir clairement ce que tu veux dans la vie? À mettre sur papier tes buts et tes objectifs? C'est tellement simple, et en même temps, ce doit être drôlement compliqué puisque très peu de gens font l'exercice! Que veux-tu? Qu'attends-tu de la vie? Que souhaiterais-tu accomplir? Tu as sûrement des rêves que tu aimerais réaliser?

Tu possèdes certainement des talents, des ressources, des aptitudes. As-tu envie de les exploiter? À quoi te servirait de peindre comme un dieu si tu n'as pas envie de peindre? De posséder la plus belle voix au monde si tu n'as pas envie de chanter? As-tu déjà réfléchi à tes raisons d'agir? À ce qui te motive dans la vie?

Ce qui manque à plusieurs, c'est d'avoir de bonnes raisons d'exploiter leurs talents. Pourquoi se lancer des défis, s'imposer un horaire de travail, un agenda alimentaire, des heures interminables de pratique, une discipline quotidienne, se lever plus tôt, travailler plus fort, faire des efforts, accepter les difficultés, persister malgré les revers et toujours avoir un plan pour contre-attaquer face à l'échec? Tu vois, il te faut de bonnes raisons pour passer à l'action. En as-tu suffisamment? Combien de raisons as-tu présentement?

Il y a quelques années, j'ai connu un coach sportif de niveau international qui coachait plusieurs champions du monde et aspirants-champions dans différentes disciplines. Dès qu'il acceptait un mandat de coaching, François Caron exigeait de son futur champion que celui-ci lui remette une liste de 100 raisons pour lesquelles il désirait à tout prix gagner. C'était une condition non négociable de son coaching. Car, disait-il: « *Qui peut arrêter celui ou celle qui a 100 bonnes raisons de gagner?* »

As-tu 100 bonnes raisons pour te motiver à donner le meilleur de toi-même? 100 raisons de faire face aux défis, aux risques et à l'échec? 100 raisons de mettre autant d'efforts et d'énergie dans ton travail? 100 raisons de te défoncer dans ton entraînement? 100 raisons de faire un tour de piste supplémentaire, de travailler une heure de plus, d'appeler un client de plus?

François racontait que dans quelque sport que ce soit – et je sais que le même phénomène est présent dans tous les secteurs d'activité, toutes les carrières et toutes les professions – la concurrence est très vive. « *Tu auras beaucoup d'épreuves à traverser*, disait-il à son coaché, *plusieurs obstacles à surmonter, des revers, des échecs, des heures et des heures de pratique et d'entraînement. Je n'ai surtout pas envie de commencer avec toi ce programme de coaching et qu'un jour, parce que tu te rends compte que les résultats que tu vises te semblent plus difficiles à atteindre que ce que tu avais imaginé, et que tu ne peux plus supporter les contrariétés et les nombreux défis reliés à ton sport, tu laisses tout tomber. Si on entreprend un projet ensemble, on ira jusqu'au bout. La seule chose qui va te permettre de tenir, c'est ton niveau de motivation, tes motifs d'action, tes propres RAISONS D'AGIR. Allez ! Installe-toi confortablement… et trouves-en 100 !* »

J'ai donné cet exercice à faire à des centaines d'individus et je peux te garantir qu'il est efficace. Dès que tu commenceras à comprendre ce que peut devenir ta vie lorsque tu prends le temps d'y réfléchir consciemment, dès que tu posséderas enfin une idée claire et précise de ce que tu veux réellement et que tu prendras ensuite la décision d'y aller à fond de train, ta vie sera tellement plus intéressante.

Quel est l'élément déclencheur de la motivation ? Qu'est-ce qui motive une personne à agir ? Rien d'autre que ses buts. Définir tes buts, c'est le point de départ. C'est la clé de la motivation. C'est aussi la garantie de la réussite qui t'attend ! Tu veux des preuves ? Demande à n'importe quelle personne qui réussit, dans quelque domaine d'activité que ce soit, la raison principale de son succès, et je suis convaincu qu'elle va te répondre que c'est l'habitude qu'elle a prise de se fixer des objectifs élevés et de prendre les moyens nécessaires pour les réaliser.

Pour réussir, il faut certes du talent, certaines habiletés et beaucoup d'imagination, de créativité, de persistance et de détermination, mais il faut surtout posséder un niveau de motivation beaucoup plus élevé que la moyenne. Être motivé, c'est être capable de dire: « *Voici mes buts!... Voici mes raisons d'agir!... Voilà ce que je vais accomplir!...* »

Combien se donnent la peine de définir leurs objectifs? En connais-tu plusieurs? Le problème de la plupart des gens, ce n'est pas de ne pas savoir comment faire pour réaliser leurs buts, c'est de ne pas avoir de buts! La plupart ne se sont jamais arrêtés à cette idée. Ils n'ont jamais vraiment réfléchi à ce qu'ils attendent de la vie. Pourtant, dès qu'il s'agit de planifier leurs vacances, combien de temps sont-ils prêts à investir dans cette activité?

Si tu ne réussis pas à te trouver suffisamment de raisons d'agir, voici ce qui va se produire: face aux décisions que tu auras à prendre et aux choix que tu devras faire, tu vas te mettre à hésiter et à tourner en rond. Tu vas commencer à dépenser ton énergie et à t'épuiser sans le savoir. Quand tu vas te rendre compte que le projet que tu as choisi de réaliser est beaucoup plus long et difficile que ce que tu avais prévu, tes appréhensions face à l'avenir et à la réussite de ton projet vont semer le doute dans ton esprit. Et je ne veux pas que tu doutes! Je ne veux pas que le moindre obstacle devienne un prétexte pour abandonner.

Je veux que tu réussisses. Je veux que ta vie change pour le mieux. Que ton style de vie change, que tes revenus, ta personnalité, tes réalisations et ta joie de vivre changent!

> Alors, voici ce que tu vas faire : prends ton *Cahier d'entretiens* et sur quatre belles feuilles blanches, sur lesquelles tu inscriras les chiffres 1 à 25, 26 à 50, 51 à 75 et 76 à 100, commence à écrire les choses que tu veux absolument réaliser dans ta vie. Qu'attends-tu de la vie ? Qu'est-ce que tu désires au plus profond de ton être ?

Si tu trouvais une lampe comme celle d'Aladin, et qu'un génie en sortait, qu'est-ce que tu lui demanderais ? Allez ! Ne te gêne pas ! Notre génie est très généreux, il peut t'accorder tous tes rêves, même si, pour le moment, tu penses que ce n'est pas possible. Réfléchis à ce qui te passionne, à tes désirs les plus profonds, ceux qui dépassent les simples considérations matérielles. Quand tu clarifies tes buts, tout devient possible !

Pour t'aider, pose-toi les questions suivantes : qu'est-ce que j'aimerais faire de ma vie ? Qu'est-ce que j'aimerais posséder ? Qu'est-ce que je voudrais réaliser ? Quel style de vie je désire, pour moi et pour ma famille ? Qu'est-ce que j'aimerais devenir ? Quel pays j'aimerais visiter ? Quelles qualités j'aimerais acquérir, quels traits de caractère ? Qu'est-ce que j'aimerais qu'on dise de moi ? Qu'est-ce que je souhaiterais dans ma vie professionnelle, économique, affective, personnelle, émotionnelle, sociale, familiale, spirituelle ?

Garde toutes ces questions en tête et écris sans arrêt. L'ordre dans lequel tu écris tes raisons d'agir importe peu pour le moment. Tu verras à établir tes priorités dans un autre temps. Pour l'instant, réfléchis sérieusement à ce que tu veux et écris tout ce qui te passe par la tête, même les idées les plus saugrenues. Parfois, ce sont ces raisons bien enfouies au fond de notre subconscient qui jaillissent enfin et qui deviennent nos véritables motifs d'action.

Ne te demande surtout pas comment tu y arriveras. Lorsque tu fais ta liste, il ne s'agit pas de répondre à la question *comment*, mais *quoi* ? Si tu t'arrêtes au *comment* quand tu définis tes buts, tu risques de limiter ceux-ci à ce que tu penses actuellement pouvoir faire, de ne penser qu'à ce qui est prévisible, plutôt que d'imaginer tout ce qui est possible ! Ne laisse surtout pas les résultats de ta vie antérieure t'influencer. Demande-toi plutôt ce que tu aimerais faire si tu étais certain de réussir. Si tu manques d'inspiration, prends connaissance de la fabuleuse histoire de John Goddard.

L'histoire de John Goddard

À l'âge de quinze ans, John Goddard s'était fixé une liste de 127 buts à atteindre au cours de sa vie. La liste de ses raisons d'agir était impressionnante, téméraire et excessivement audacieuse, et ses réalisations furent tout aussi incroyables !... C'est lui le véritable Indiana Jones.

John Goddard, décédé l'année dernière à l'âge de quatre-vingt-huit ans, était fatigué d'entendre les gens dire : « *Ah ! Si je pouvais recommencer ma vie, voici ce que je ferais...* » Alors lui, il n'a pas pris de chance. À l'âge de quinze ans, il a fait la liste de tout ce qu'il voulait faire ou expérimenter dans sa vie et il a choisi ce qu'il voulait être : un explorateur, un grand aventurier !

À l'âge de cinquante ans, John Goddard avait déjà réalisé 109 de ses 127 objectifs, parmi lesquels : explorer les huit plus grands fleuves au monde, étudier sur place les moeurs des peuples primitifs de onze pays, dont les Pygmées d'Afrique et les coupeurs de tête de Bornéo, escalader les sept plus hauts sommets de la Terre, photographier les six plus grandes chutes d'eau de l'univers, explorer les fonds sous-marins de six endroits parmi les plus réputés, visiter douze des plus grandes merveilles du monde, nager dans les eaux de cinq des plus grands lacs.

Et c'est sans compter toutes les disciplines, les arts et les langues qu'il avait décidé d'apprendre, les livres qu'il avait choisi de lire, les compositeurs qu'il avait convenu d'étudier et les défis gigantesques qu'il s'était donnés, dont plusieurs sont racontés dans son livre *Kayak down the Nile* qui relate son expédition hyper dangereuse sur 4 195 milles de descente sur ce célèbre fleuve, en compagnie de deux explorateurs français.

Avant de t'attaquer à tes cent raisons d'agir, jette un coup d'œil sur la liste de John Goddard à l'adresse www.johngoddard.info. C'est complètement fou et tout à fait ahurissant ce qu'un être humain peut accomplir durant sa vie quand il prend la peine de s'arrêter et d'écrire ce qu'il veut faire, et qu'il prend la décision de passer à l'action.

Le pouvoir de l'action

Tu as maintenant de très bonnes raisons d'agir. Ces raisons n'ont pas à être aussi audacieuses et risquées que celles de John Goddard. Ce n'est probablement pas ton objectif majeur de te lancer dans une carrière d'explorateur, quoique si jamais tu décidais de t'y risquer, je suis convaincu que sa formidable histoire saura t'inspirer.

Ce qui importe, c'est que ces raisons d'agir soient vraiment les tiennes: les objectifs, les rêves, les buts qui te tiennent le plus à cœur, sinon, comment pourraient-elles exercer sur toi la motivation et l'attraction que tu recherches? Pour te motiver davantage, écris tes trois principales raisons d'agir sur une petite carte et conserve toujours celle-ci à portée de main.

Je t'invite maintenant à réfléchir au pouvoir incomparable de l'action. Un proverbe chinois dit que « *ceux qui n'agissent pas, en réalité, ne savent pas* ». L'action, c'est la loi : ce n'est pas la clé de la réussite, ni ce fameux secret que plusieurs cherchent encore, c'est la loi : POUR RÉUSSIR QUOI QUE CE SOIT, IL FAUT AGIR !... Personne ne peut agir à ta place !... Pour te donner une chance de réaliser tes buts, il faut que tu passes à l'action !

Plusieurs livres ont été écrits sur la loi de l'attraction. Je n'ai rien contre le fait de confier mes rêves à l'univers, mais il est faux de croire que le seul fait de demander et de visualiser ma réussite me permettra de concrétiser mon plus grand rêve. Entre un rêve et sa réalisation, il y a plusieurs étapes que nous définirons lors du sixième entretien. Mais la plus importante, c'est l'action !

Sans l'action, une idée ne vaut absolument rien. Sans l'action, toutes les théories sont inutiles, les rêves demeurent toujours des rêves et les projets continuent à s'accumuler sur les tablettes, à l'état continuel de projets. L'action, c'est le catalyseur !... L'accélérateur !... Le multiplicateur ! C'est ce qui met tout le processus de création en marche. Toutes les grandes réalisations du vingtième siècle ont commencé par une idée, mais elles ont été créées et achevées par une personne qui a pris cette idée en mains et a mis en action les moyens nécessaires à sa matérialisation.

La confiance, l'attitude et l'enthousiasme ont certes un rôle à jouer, mais c'est un rôle de soutien comparativement au rôle primordial de l'action. Il ne suffit pas de vouloir, il faut agir ! Agir non seulement en ce qui concerne tes buts ou les projets que tu choisiras de poursuivre, mais aussi à l'égard de tous les changements que tu as résolu de faire : le mode de vie que tu as choisi de mener, les habitudes négatives et les fausses croyances que tu as décidé d'éliminer, et aussi celles que tu as décidé d'adopter et de mettre en pratique, jour après jour.

Agir, ça veut dire faire tout ce qu'il y a à faire, quand il faut le faire, et cela inclut toutes les petites décisions que tu as prises et que tu vas continuer à prendre dans les prochains jours, et qui vont t'amener à devenir celui que tu as choisi d'être. « *La loi de la nature est celle-ci : faites les choses et vous aurez le pouvoir* », disait Ralph W. Emerson.

Commence dès aujourd'hui à construire ta personnalité. La plupart des gens attendent pour passer à l'action que les circonstances et les conditions soient parfaites. Je t'avise tout de suite qu'elles ne le seront jamais. En revanche, je sais que tu crois en tes talents et en tes possibilités, que tu as choisi de réussir et que tu as maintenant de très bonnes raisons d'agir. Alors, agis !

Le plus difficile pour certains, c'est de se mettre en marche. Si c'est cela ton problème, alors commence à faire ce que tu as décidé de faire, sans y penser, de façon presque mécanique. Résiste à la tentation de remettre à demain en réfléchissant à cette pensée d'Olin Miller : « *Si tu veux qu'une tâche simple te semble difficile, continue simplement à la remettre à plus tard* ».

Tu peux choisir de t'asseoir et te demander toute la journée ce qui ne va pas, mais cela ne fera qu'ajouter à tes malheurs. Cesse d'attendre et agis ! En agissant sur tes idées, tu vas permettre à ton pouvoir personnel de grandir. Tu vas également te sentir plus heureux : quand on est dans l'action, on se sent vivre beaucoup plus intensément et nos actions sont en quelque sorte une forme de récompense.

Ainsi en est-il, par exemple, de l'entraînement qu'un athlète doit s'imposer pour améliorer ses performances. Un athlète qui s'entraîne et qui aime passionnément ce qu'il fait prend beaucoup de plaisir à s'entraîner. La discipline qu'il s'impose ne le rebute pas le moindrement. Au contraire, il est fier des décisions qu'il a prises, des choix de vie qu'il a faits et de la ligne de conduite qu'il a choisie parce qu'ils font partie intégrante de ses raisons d'agir. Il est motivé et toujours heureux d'agir !

Je t'invite maintenant à considérer une très belle occasion de passer à l'action : CHOISIR, parmi tous tes rêves, celui qui te semble le plus important. Celui qui correspond à ta passion, à ce que tu désires le plus dans la vie, celui que tu tiens absolument à concrétiser.

Dans le prochain entretien, nous allons voir ensemble comment faire de ce rêve un projet. Un projet qui te permettra d'exploiter tes ressources, de développer tes habiletés au maximum ainsi que toutes les qualités, tous les traits de caractère qu'il te faudra maîtriser pour te rendre à bon port. Un projet qui va se situer très rapidement au centre de ton être.

Mais auparavant, pour te rappeler l'importance d'agir tous les jours et pour t'inspirer à passer à l'action si certains jours tu avais de la difficulté à te mettre à l'œuvre, je te recommande de t'imprégner de l'histoire de Michael, telle que racontée par Ron Climmer, sur son blog à l'adresse : www.ronclimmer.com. Prends connaissance de cette histoire, laisse-la entrer profondément dans ton esprit… et choisis la façon dont tu commenceras ta journée demain matin.

L'HISTOIRE DE MICHAEL

Michael est le type d'individu qu'on se plaît à détester. Il est toujours de bonne humeur et a toujours quelque chose de positif à dire.

Chaque fois que quelqu'un lui demande « Comment ça va ? », il répond : « J'aurais gagné à la loterie que ça n'irait pas mieux ! »

La motivation, c'est inné chez Michael. Quand un de ses employés a une mauvaise journée, il est toujours là pour lui rappeler de voir le bon côté des choses.

La façon de faire de Michael a piqué ma curiosité. Donc, un jour, je lui ai demandé : « Je ne comprends pas ! On ne peut pas être toujours positif ! Comment y arrives-tu ? »

Et Michael de me répondre : « Chaque matin, je me réveille et je me dis, Mike, tu as deux choix aujourd'hui : ou tu es de bonne humeur, ou tu es de mauvaise humeur. Et chaque jour, je choisis d'être de bonne humeur…

Chaque fois qu'une difficulté se présente, je peux choisir de jouer la victime ou d'en tirer une leçon. Je choisis d'en tirer une leçon…

Chaque fois que quelqu'un vient se plaindre, je peux choisir d'approuver ses doléances ou de lui faire voir le bon côté des choses. Je choisis le bon côté des choses.»

Et moi de rétorquer: « Oui, d'accord, mais ça ne doit pas être toujours facile ! » « Bien sûr que c'est facile ! » me répond Michael. « Dans la vie, tout est question de choix. On choisit notre façon de réagir à toute situation. On choisit la façon dont les gens affectent notre humeur. Et on a toujours le choix d'être de bonne ou de mauvaise humeur. Tout ça pour dire qu'en fin de compte, chacun choisit comment il veut vivre sa vie. »

Peu de temps après, j'ai quitté l'industrie des tours de communication pour fonder ma propre entreprise. Nous nous sommes perdus de vue, mais je pense souvent à Michael chaque fois que je choisis d'agir plutôt que de subir...

Quelques années plus tard, j'ai appris que Michael avait été victime d'un grave accident : il était tombé d'une tour de près de vingt mètres. Après 18 heures passées en salle d'opération et plusieurs semaines aux soins intensifs, Michael est enfin sorti de l'hôpital avec quelques tiges de métal insérées dans son dos.

J'ai revu Michael six mois après son accident. Quand je lui ai demandé comment il allait, il m'a répondu : « J'aurais gagné à la loterie que ça n'irait pas mieux ! Tu veux voir mes cicatrices ? » Je ne voulais pas voir ses blessures, mais je lui ai demandé ce qui lui était passé par la tête au moment de l'accident.

Il m'a répondu : « La première chose qui m'est venue à l'esprit, c'est la naissance prochaine de ma fille. Puis, quand je me suis vu gisant sur le sol, je me suis souvenu que j'avais deux choix : ou bien je choisissais de vivre, ou bien je choisissais de mourir… J'ai choisi de vivre. »

Je lui ai demandé : « As-tu eu peur ? As-tu perdu connaissance ? » Il m'a répondu : « Les ambulanciers ont été super. Ils n'ont pas arrêté de me dire que tout allait bien se passer. Mais quand j'ai vu la réaction des médecins et des infirmiers alors qu'on me conduisait vers la salle d'urgence, je me suis mis à paniquer. J'ai vu, à leurs yeux, que j'étais un homme mort. Je savais que je devais me prendre en mains… Une infirmière m'a alors demandé si je souffrais d'une quelconque allergie. « Oui », lui ai-je répondu.

Les médecins et les infirmiers se sont tous arrêtés pour entendre ma réponse. J'ai pris une grande respiration et j'ai crié : « Je suis allergique à la gravité ! » Ils se sont tous mis à rire. J'ai poursuivi : « Je choisis de vivre, alors opérez-moi comme si j'étais vivant, et non comme si j'étais mort. »

Michael a survécu grâce à l'excellent travail des médecins, mais aussi grâce à sa formidable attitude. Il m'a appris que chaque jour, nous avons le choix de vivoter ou de vivre pleinement. Notre attitude décide de tout !

LA PASSION DE VINCENT LARIVÉE

Depuis sa plus tendre enfance, Vincent Larivée a toujours eu de la facilité dans de nombreuses disciplines sportives. *« C'était, en quelque sorte, ma façon de m'exprimer »*, nous dit-il. Cependant, dans le cœur de Vincent, le volleyball de plage allait se frayer une place de choix. Pas évident pour un homme qui mesure 1,65 m. D'ailleurs, tout au long de son ascension pour gravir les échelons de l'école secondaire aux Carabins de l'Université de Montréal, sa petite taille fut l'objet de doutes et de plusieurs railleries de la part de ceux qui le voyaient évoluer.

Ayant agi comme entraîneur sur le circuit mondial de volleyball de plage pendant 10 ans et participé aux Jeux Olympiques d'Athènes (2004) et de Londres (2012), Vincent a eu l'occasion de constater à plusieurs reprises les nombreux bienfaits que reçoivent tous ceux qui investissent dans le développement de soi et dans la poursuite de grands objectifs. Il a aussi été témoin cependant de la souffrance que peut amener cette quête de grandeur lorsque le déséquilibre global de notre être (physique, mental, émotif, existentiel) s'installe au nom des performances à réaliser (identification aux résultats).

Durant notre entrevue, Vincent m'a confié qu'il aimait mieux utiliser le terme inspiration que passion parce que l'inspiration focalise beaucoup plus sur le processus que sur le résultat. En focalisant sur le processus, on évite les déceptions.

Être parvenu à mettre un peu d'équilibre dans le sport de haut niveau est une de ses plus belles réussites. Selon lui, se faire confiance, avoir une bonne estime de soi, faire les choses non pas pour se faire aimer, mais pour exprimer ses talents en toute authenticité est ce qui doit nous guider.

La santé, le développement humain et le bien-être de ses semblables le préoccupent de plus en plus. À son avis, le stress quotidien et nos habitudes de vie soutiennent de moins en moins l'équilibre corps-âme-esprit si vital à notre épanouissement personnel. Mais il est aussi possible de vivre autrement : être à l'écoute de ses besoins et prendre le temps de les combler !

www.bouffeedesante.com

ENTRETIEN 5

TRANSFORME TES RÊVES EN PROJETS

« *Sans un but qui nous tient à cœur, nos âmes s'atrophient comme des muscles inactifs.* »

– Frank Lawback

« *Je ne laisserai pas ce que je ne peux faire définir ce que je veux faire.* »

– Brookes Allison

« *C'est seulement dans l'arène grouillante que le cœur apprend à battre.* »

– R.M. Rilke

ENTRETIEN 5

TRANSFORME TES RÊVES EN PROJETS

Cet entretien se situe au cœur de notre coaching. Tu as maintenant de très bonnes raisons d'agir, il te faut à présent choisir ton objectif prioritaire et convertir celui-ci en projet. Un projet qui va sûrement changer complètement la façon dont tu mènes ta vie présentement.

Je tiens cependant à faire une mise au point. Je ne suis pas un maître de vie et encore moins un prédicateur. Je n'ai aucun conseil à te donner en ce qui regarde la façon de mener ta vie. Tout ce que je me propose de faire lors de cet entretien, c'est de stimuler ta créativité et de te faire voir les possibilités qui s'ouvrent à toi, afin d'être bien certain que tu saisisses celle qui suscite le plus ton intérêt et captive ton imagination.

Ce qui importe, c'est que tu réalises ton potentiel et que tu prennes les moyens de développer au maximum tes habiletés. Beaucoup trop de gens se contentent d'une vie médiocre, pour ne pas dire misérable. Tu as la chance de faire mieux, d'accomplir beaucoup plus !... Saisis cette chance !... Trouve un projet qui te passionne et fais ce qu'il faut pour le réaliser.

Il y a des gens qui sont toujours partants pour une aventure, pour de nouveaux défis ou pour une occasion d'apprendre, d'évoluer et de gagner en expérience, et d'autres qui sont fermés comme une huître. De quel groupe fais-tu partie ? Tu ne voudrais certainement pas avoir à faire un jour le constat qu'il commence à se faire tard et que la vraie vie t'est passée sous le nez alors que tu aurais pu la saisir à pleines mains. Tu as encore de très belles années devant toi. Profites-en ! Fonce droit devant !

Conçois un projet qui va t'entraîner dans un monde que tu ne connais pas encore, et qui va sans aucun doute te permettre de détecter et d'utiliser certaines ressources que tu possèdes, mais dont tu n'as pas encore pris conscience. Tu ne croiras pas tout ce que tu vas découvrir, tous ces mystères de la vie liés à ta croissance et à ta progression personnelle, qui vont certainement bouleverser quelques-unes de tes certitudes et sans aucun doute te permettre de t'épanouir d'une façon fulgurante.

Certes, tu devras apprendre à marcher en territoire inconnu, ce qui t'obligera manifestement à faire face à tes peurs. Mais au même moment, je te promets que tu seras confronté à des situations fascinantes, à des défis fabuleux qui t'emporteront dans un torrent irrésistible, d'où tu ne voudras plus jamais t'échapper. Éventuellement, je vais te proposer de t'accompagner sur le chemin que tu décideras de suivre, mais c'est à toi, et à toi seul de décider de la destination.

Un projet ambitieux

Lorsqu'il s'agit de définir ce que l'on veut dans la vie, plusieurs auteurs emploient le terme *objectif*, d'autres lui substituent le mot *but*. Quant à moi, tu as sûrement remarqué que je préfère employer le mot *projet*. En réalité, c'est la même chose, mais j'aime bien la notion d'intention que le mot projet vient greffer à celui d'objectif.

L'intention est la force motrice qui pousse un individu à agir, à persister et à aller jusqu'au bout. Elle vient du cœur, là où se situent nos véritables aspirations. Ta ferme intention de réaliser ton projet te permettra également de te détacher du résultat et de te faire totalement confiance.

Quand tu auras défini ton projet, je t'aiderai à faire ton plan d'action et à agir conformément à celui-ci. Ne te soucie pas des résultats pour le moment. Ne te mets pas de pression indue. Ton projet, il se réalisera si tu y crois, si tu crois en tes capacités et si tu fais ce qu'il faut faire, l'action juste, celle que tu choisis librement de faire et que tu as l'intention de continuer à faire, inflexiblement, jusqu'à ce que ce projet se matérialise.

L'important pour aujourd'hui, c'est de choisir un projet qui deviendra le centre de ta vie et qui te stimulera à offrir le meilleur de toi-même au cours des semaines, des mois ou des années à venir. Je m'explique : un projet peut avoir une durée de vie illimitée. Il peut être à très long terme, à moyen terme ou à court terme. Si tu n'es pas prêt à te donner un projet de vie, si tu penses que tu n'es pas assez en confiance pour t'attaquer à un projet qui te demandera de t'engager pendant plusieurs années, commence par un petit projet. Et plus tu gagneras en confiance, plus tu pourras t'attaquer à des projets ambitieux qui te demanderont plusieurs années d'efforts.

Ou encore, conçois un projet intermédiaire, qui sera la base d'un autre projet. Par exemple, si tu désires faire une carrière dans un domaine, mais que tu te rends compte qu'il te manque certaines qualifications, et qu'il te faut suivre une formation qui pourrait s'étaler sur deux ou trois ans, conçois un projet pour assurer la réussite de ce programme de formation. Attaque-toi à ce projet de la même manière que tu t'engagerais dans un projet de carrière, car la réussite de ce premier projet est tout aussi importante que la réussite d'un projet de vie.

En réalité, il n'y a pas de bons ou de mauvais projets. Il n'y a pas de projet de seconde catégorie. Si un projet te semble captivant, s'il représente ce que tu désires le plus présentement, alors, pour toi, c'est le projet le plus important qui soit. Laisse faire ceux des autres, cela ne te concerne pas. La seule chose qui compte, c'est de définir ton projet, d'en faire une affaire personnelle, un moyen d'évolution et de réalisation, et de te consacrer à 100 % à sa réussite, jusqu'à ce que tu te sentes prêt pour entreprendre quelque chose de plus grande envergure.

Si au contraire tu penses que tu es prêt dès aujourd'hui pour concevoir et réaliser un projet majeur, comme par exemple, celui de choisir un métier, une profession, une carrière sportive, politique, artistique ou humanitaire, de chercher un nouvel emploi ou une promotion au sein de l'entreprise où tu es présentement, de réorienter ta carrière ou de changer carrément de métier ou de secteur d'activité, de lancer ton entreprise, un service, un jeu vidéo, un logiciel ou une application, ou encore, d'apprendre à jouer d'un instrument, de former un quatuor de musique classique, un groupe punk ou un ensemble de jazz, d'écrire un roman ou de réaliser un film ou une pièce de théâtre, d'accomplir un exploit ou de relever un défi majeur tel que gravir l'Everest, traverser un continent à vélo ou le désert sur le dos d'un chameau, tu ne dois pas hésiter une seconde de plus. Tu dois décrire ce projet dans ses moindres détails, comme nous allons le voir ensemble.

Par contre, si tu ne sais pas encore ce que tu pourrais faire et dans quel genre de projet tu devrais t'engager, prends ton *Cahier d'entretiens* et réfléchis aux questions suivantes :

- Qu'est-ce que je veux faire de ma vie ?
- Comment est-ce que j'aimerais employer mon temps à l'avenir ?
- Qu'est-ce qui me passionne le plus dans la vie ?
- Qu'est-ce que je désire le plus au monde ?
- Est-ce que je suis heureux actuellement dans le secteur d'activité que j'ai choisi (ou dans le secteur que d'autres ont choisi pour moi) ?
- Est-ce que je m'amuse tous les jours ? Est-ce que le secteur d'activité ou l'emploi que j'occupe m'offre la chance d'utiliser toutes mes ressources et de développer mes possibilités ?
- Est-ce que j'ai l'intention d'y passer toute ma carrière ? Toute ma vie ?
- Si la réponse est positive, quel est le poste qu'il me plairait d'y occuper ?
- Quel est mon plus grand rêve ? Est-ce que je pourrais transformer ce rêve en projet passionnant ?

- Qu'est-ce que je veux faire de la vie qui me reste ? Qu'est-ce que j'aimerais enfin réaliser ?
- Si j'étais certain de réussir, quel est le projet qu'il me plairait le plus de réaliser ?

Rêve ton avenir

En réalité, tout part d'un rêve ou d'une passion que l'on a dans la vie, et qui, lorsqu'on s'y adonne ou lorsqu'on y songe, nous porte à rêver à une forme d'accomplissement. À quoi rêvais-tu lorsque tu étais plus jeune ? Prends l'exemple d'Alexandre Despatie, plusieurs fois médaillé olympique : il n'avait pas encore dix ans lorsqu'il est monté sur un tremplin pour la première fois. Et Eugénie Bouchard a commencé à rêver d'une carrière de tennis professionnel et de devenir un jour la numéro un mondiale, à l'âge de neuf ans, lorsqu'elle s'est fait photographier avec Maria Sharapova, son idole.

À cet âge, les enfants ont une capacité de rêver qui nous étonne toujours et surtout, pour la très grande majorité d'entre eux, ils n'ont pas encore vécu d'échecs ou d'expériences négatives, lesquels s'additionnent avec les années et finissent par avoir raison de cette belle image qu'ils projetaient.

La plupart des gens, lorsqu'ils arrivent à trente ans, et parfois bien avant cet âge, ont abandonné tout espoir de réaliser leurs rêves de jeunesse. Qu'est-il arrivé à tous ces jeunes qui rêvaient d'exploits sportifs, d'une carrière internationale ou simplement d'une vie meilleure ? Combien ont renoncé ? Que s'est-il passé pour que tous ces jeunes gens, à qui l'on promettait un si bel avenir et qui devaient chambarder le monde par des actions d'éclat, semblent maintenant incapables de relever le défi de la vie et cherchent plutôt un moyen d'y échapper ? Où est allée leur belle confiance ? Pourquoi de si beaux visages sont-ils devenus méconnaissables en quelques années seulement ? Se pourrait-il qu'ils aient cessé de rêver et de croire en leurs possibilités ?

Tu me dis que j'ai raison, mais qu'effectivement tu n'as plus dix ans et que les années commencent à peser très lourd sur tes frêles épaules. Alors, considère l'incroyable aventure de Herman *Jack Rabbit* Johannsen. Celui-ci s'installe dans les Laurentides pendant la Grande Dépression, à l'âge de soixante-dix ans. Sans emploi, complètement ruiné, il se rend compte immédiatement de l'énorme potentiel que représente cette région pour satisfaire sa passion pour le ski de fond.

À un âge où la plupart des gens ne rêvent plus à rien d'autre qu'à leur retraite, il conçoit un méga projet : développer cette richesse en créant un réseau de pistes qui lui permettra de pratiquer son sport favori. C'est ainsi qu'au fil des années, il a tracé le célèbre parcours *Maple Leaf*, qui relie Shawbridge (Prévost) à Mont-Tremblant.

Quand un individu conçoit un projet et qu'il s'y investit à 100 %, le temps ne compte plus, et le mot impossible disparaît complètement de son vocabulaire. Aucun obstacle ne peut l'arrêter. Au contraire, les défis le stimulent et lui servent à exercer son talent et sa créativité. *Jack Rabbit* Johannsen a continué à faire du ski de fond jusqu'à l'âge vénérable de cent six ans, participant à de nombreuses compétitions et remportant de multiples trophées. Il est toujours resté fidèle à l'image de gagnant qu'il projetait. Quelque temps avant sa mort, survenue dans sa cent douzième année, à quelqu'un qui lui demandait le secret de sa joie de vivre et de sa longévité, il répondit : « *J'ai toujours voulu savoir ce qu'il y avait de l'autre côté de la montagne !* »

Jack Rabbit n'était pas riche, ce n'était pas son but. Mais par sa détermination et son engagement, il a inspiré toute une génération à jouir pleinement de la vie et des possibilités qui lui sont offertes. « *Lève-toi tôt, sors de chez toi et cherche l'aventure,* se plaisait-il à dire. *Ne laisse surtout pas le soleil te prendre au lit !* »

Trouve ta voie

Un des plus grands défis de la vie, c'est de trouver sa voie. C'est ce à quoi nous rêvons tous dans le secret de nos cœurs. Nous avons besoin du rêve pour nous accomplir, pour évoluer et pour nous réaliser. En le poursuivant sans relâche, c'est tout notre être qui en bénéficie. Captivés par un rêve, nous sommes métamorphosés par le projet qui le porte et qui l'amène à sa concrétisation. Notre être entier se met alors à rayonner, car tout devient décision, action, intention et réalisation !

Le plus grand bonheur de la vie, c'est d'accomplir un rêve. C'est faire ce que tu aimes ; t'amuser dans ton travail ou dans l'activité qui occupe la majorité de ton temps ; vivre ta vie comme tu l'entends et profiter de chaque moment. L'argent, oublie cela ! Bien sûr, c'est toujours plus intéressant de faire un peu d'argent, et si ton projet te permet en plus de bien vivre, tant mieux pour toi. Je n'ai rien contre l'argent. Comme dit l'expression : « *Ça rend le malheur plus confortable !* » Mais le vrai bonheur de la vie, la plus grande satisfaction, c'est de réaliser le projet qui nous tient le plus à cœur, de transformer notre plus grand rêve en projet, d'entreprendre celui-ci et de le mener jusqu'à son dénouement.

La vie n'est pas statique. Ce n'est pas parce que tu as décidé de t'orienter dans une carrière d'ingénieur à l'âge de vingt ans que tu dois absolument poursuivre dans cette voie. Peut-être as-tu le goût de faire autre chose aujourd'hui ? Peut-être aimerais-tu monter ta propre affaire, lancer un produit ou une application, créer un numéro de magie, un spectacle de cirque, une fondation, une chocolaterie ou une nouvelle formule de restauration ? Peut-être préférerais-tu construire une résidence pour les aînés ou développer un programme éducatif pour les jeunes ? Peut-être qu'une nouvelle carrière, celle dont tu rêves secrètement, n'a rien à voir avec ce que tu fais et ce à quoi tes études t'ont préparé ? Cette décision que tu as prise à vingt ans, était-elle tienne en réalité ?

Les goûts changent, les idées, le contexte, les désirs, les envies, tout ça finit par changer. Il est bon de se remettre en question. Si tu ne l'as jamais fait et qu'actuellement, tu n'es pas satisfait, que tu sens que tu tournes en rond, n'hésite pas. Réfléchis. Qu'aimerais-tu faire si tu en avais les moyens ? Quel défi entrepreneurial aimerais-tu relever ? N'aimerais-tu pas être complètement autonome ? Travailler pour tes idées ? Monter ta propre boîte de communication ou de consultant ? Tu préfères gagner ta vie au sein d'une grande entreprise ? Tu peux le faire ! Es-tu heureux dans le poste que tu occupes présentement ? Quels sont tes objectifs ? À quel poste te vois-tu dans trois ans ? Dans cinq ans ? Dans dix ans ?

Un vieux dicton populaire affirme que : « *Tu commences à vieillir quand tu n'as plus de projets d'avenir* ». Qu'attends-tu de l'avenir ? Sûrement un peu plus de satisfactions par rapport à ce qui occupe le plus clair de ton temps, n'est-ce pas ? Cet avenir, c'est aujourd'hui que tu dois le construire. Ne laisse pas cette décision au hasard. Ne la prends surtout pas à la légère en acceptant un poste qui ne te convient pas, une carrière qui ne te passionne pas et qui ne t'offre aucune occasion d'exploiter tes talents, aucune chance de te mesurer, de grandir, de t'accomplir et de t'améliorer.

Tu veux t'assurer un meilleur avenir ? Invente-le !... Ouvre grands tes yeux devant toutes les possibilités, toutes les options qui s'offrent à toi. Pense à tout ce que tu peux faire, mais aussi, à tout ce qui est possible, à tout ce monde qui se cache au-delà de ce qui existe présentement dans ta pensée, parce que tu n'as peut-être pas encore appris à rêver grand, à penser grand, à imaginer et à créer !

Le choix que tu t'apprêtes à faire est capital. Il faut absolument que tu t'assures que ce projet représente exactement ce à quoi tu rêves, ce que tu désires accomplir plus que tout, car en choisissant ton projet, tu choisis ce que tu deviendras. Tu seras irréversiblement transporté par ce projet. Choisir un projet, c'est te choisir toi-même. C'est faire un choix de vie !... Ta vie ! Ton projet déterminera l'orientation que ta vie va prendre. En faisant ton choix, tu élimines par le fait même un tas de possibilités.

Garde bien à l'esprit également que si tu ne fais aucun projet, rien ne changera dans ta vie au cours des prochaines années. Ou alors, le changement ne viendra pas de toi, mais des autres ou des circonstances. Qu'as-tu donc à perdre à te choisir ? Rien ! Absolument rien ! C'est ta vie, comment la vois-tu ? Comment l'imagines-tu ? Comment veux-tu qu'elle soit à partir de maintenant ? La seule personne en mesure de déterminer si tu fais le bon choix, c'est toi !

Tu peux toujours consulter, demander l'avis de certaines personnes que tu estimes, mais quoi qu'ils en pensent, tu demeures le seul juge et c'est à toi seulement que revient la décision finale de t'attaquer à un projet ou de t'abstenir. Tu es responsable du choix que tu t'apprêtes à faire et du plan d'action que tu devras mettre en œuvre. En réalité, tu fais partie intégrante du projet. Tu es à la fois le sujet, le metteur en scène, le réalisateur et l'acteur principal. Assure-toi donc que le sujet te passionne et que tu as l'audace de l'entreprendre, car une fois en marche, il te sera impossible de revenir sur tes pas.

Des arpents de diamants

Assure-toi cependant, si ton projet consiste à changer de profession, de métier ou de carrière, des motifs véritables qui te poussent maintenant à regarder ailleurs. Peut-être qu'il ne se passe rien dans ta vie présentement parce que tu ne t'impliques pas suffisamment dans ce que tu fais. Peut-être te sens-tu limité et il se peut fort bien que tu aies raison. Mais se pourrait-il que tu aies commencé à te désintéresser de ce que tu fais ?

Si c'est le cas, avant de décider d'abandonner ton domaine d'activité pour te diriger dans un autre secteur, prends connaissance de l'histoire de ce fermier perse, telle que racontée par Russell H. Cornwell, au cours de plus de 6 000 conférences qu'il fit à travers les États-Unis au début du siècle dernier :

Ali Hafed, subjugué par les histoires d'un prêtre bouddhiste qui racontait qu'il y avait dans le monde plusieurs endroits où gisaient des mines de diamants encore inexploitées, décida d'abandonner sa ferme déjà très prospère pour partir à la recherche d'une de ces mines. Il se lança à l'aventure et marcha des kilomètres et des kilomètres pendant des mois, jusqu'à épuisement. Ali perdit peu à peu sa santé et sa jeunesse, il mourut loin de chez lui, pauvre et désillusionné. Quelque temps après sa mort, on découvrit dans le sol de sa ferme abandonnée, des arpents de diamants qui firent la fortune de ceux qui avaient acquis sa terre.

Quelle histoire malheureuse ! Es-tu certain de ne pas être assis sur une mine de diamants ? Es-tu certain que la carrière que tu as choisie ne pourra jamais te combler ? Es-tu certain que tu ne pourras jamais t'y développer davantage et réaliser ce à quoi tu aspires ? Pour lire le texte complet de la conférence de Russell H. Cornwell et en savoir plus sur cet homme, consulte le site de l'Université Temple à l'adresse www.temple.edu.

Tu y liras également son incroyable histoire et comment il découvrit ses propres arpents de diamants, en fondant un petit programme d'études qui comptait au début sept étudiants, et qui prit tellement d'expansion qu'il dut embaucher d'autres professeurs, louer un appartement, un édifice, puis un deuxième édifice. Finalement, à partir de ce petit programme d'études, il conçut le projet de créer un collège, puis une université. Aujourd'hui, l'Université Temple compte plus de trente mille étudiants et se classe au trente-neuvième rang des plus grandes universités américaines.

Se pourrait-il que l'occasion que tu cherches soit enfouie dans ton jardin ? Peut-être serait-il temps que tu refasses ton choix de carrière ? Réfléchis à cela, prends ta décision de demeurer dans le secteur où tu es présentement ou d'en changer carrément, et passe à l'action. Si tu décides de conserver ton métier ou ta profession actuelle, fais-en quand même un projet.

Peut-être n'as-tu pas réussi jusqu'à présent comme tu le souhaitais parce que tu n'avais jamais vraiment considéré ta carrière comme un projet et que tu n'avais pas véritablement d'objectifs ni de plan d'action. Mais à partir de maintenant, il n'y a plus aucune raison pour que tu ne réussisses pas à te réaliser dans le secteur d'activité que tu as choisi, ou dans le métier ou la profession que tu exerces présentement. Ce sera ton projet et tu devras l'entreprendre de la même manière et avec le même niveau de motivation et d'enthousiasme que si tu démarrais un nouveau projet.

Les facteurs critiques du succès

Voici quatre facteurs déterminants pour la réussite de ton projet. Étudie-les et assure-toi de les mettre en application. Ils pourraient définitivement faire la différence entre le succès ou l'échec :

- Décrire ton projet,
- Prévoir les obstacles,
- Visualiser ta réussite,
- T'engager à 100 %.

1. DÉCRIS TON PROJET

Il s'agit en fait de transcrire ton projet en mots, de décrire ce que tu imagines et les résultats que tu vises. Peindre avec des mots le tableau que tu vois dans tes rêves. As-tu déjà tenté de faire un casse-tête sans regarder la photo de ce que toutes ces petites pièces représenteront une fois rattachées ? Tu avoueras que ce serait une tâche colossale, n'est-ce pas ? La plupart des gens commencent par regarder la photo et ensuite, ils placent les différentes pièces selon les couleurs qu'ils voient sur la photo. Ils se font un plan à partir du résultat qu'ils visent, c'est bien ça ?

Tu vois, la même chose se produirait si tu tentais d'organiser ta vie ou ta carrière sans savoir ce que tu veux vraiment, sans la moindre idée du résultat que tu cherches à obtenir. Tu dois d'abord définir ce que tu veux. Et c'est précisément ce que tu devras chercher à accomplir lorsque tu feras la description de ton projet: tracer avec précision le portrait final, la *photo-finish* de ce que tu cherches à réaliser. Voici trois suggestions qui te faciliteront la tâche:

Sois précis

Ton projet, c'est comme un aimant: plus tu mettras d'efforts à le définir clairement, plus tu seras précis dans les mots que tu utiliseras pour le décrire, plus il t'attirera. En somme, il s'agit de préciser tes attentes: ce que tu cherches vraiment à accomplir.

Par exemple, supposons que tu choisisses de faire carrière dans le sport professionnel. Il faut que tu définisses avec précision le niveau que tu veux atteindre. Veux-tu être assez bon? Le meilleur dans ton équipe? Le meilleur dans ton domaine? Le meilleur au monde? Dans quelle ligue désires-tu jouer? À quelle position?

Essaie de décrire un projet qui dépasse ce que tu as réalisé jusqu'à présent. Rien n'est impossible. Tu peux décider d'être le meilleur joueur de ton équipe si tu le désires. Tu peux même surpasser ceux qui ont plus de talents que toi si tu ajoutes à ce talent ta détermination à devenir le meilleur, et si tu t'engages à prendre tous les moyens nécessaires pour y parvenir.

Tu dois faire le même genre d'exercice si tu es en affaires et que ton projet consiste à obtenir une promotion ou un poste supérieur. Décris avec précision le poste que tu cherches à obtenir. Décris le produit que tu veux lancer, l'entreprise que tu veux fonder, le livre que tu comptes écrire, la symphonie que tu désires composer, l'exploit que tu cherches à accomplir.

Si tu œuvres au sein d'une entreprise et que tu désires préparer une promotion de vente d'envergure, procède de la même manière : décris l'opération que tu comptes faire, le plan d'action stratégique que tu vas employer, les ressources matérielles et surtout humaines que tu devras mobiliser et dont tu devras t'employer à stimuler la performance afin que tous les gens impliqués dans ce projet donnent leur pleine mesure.

Fixe la date de réalisation de ton projet

Quel que soit ton projet, souviens-toi qu'il a lui aussi une durée de vie. Il débutera à la date à laquelle tu choisiras de passer à l'action et se terminera à la date que tu auras déterminée. Fixer une date constitue un défi et crée une obligation, un engagement de ta part à réaliser ce projet. Fixer une date signifie que ton projet se concrétisera à ce moment-là. Voilà qui ne te laisse aucun choix !... Tu dois agir !

Le livre que tu lis présentement correspond à l'activation du projet que j'ai décidé de réaliser l'année dernière lors de l'événement Coaching 2013. Je me suis donné un an pour le produire et, dès le départ, je me suis engagé à en faire le lancement le 19 septembre 2014, lors de la Conférence Coaching 2014.

Je te raconterai plus tard le plan d'action que j'ai concocté pour m'assurer que ce livre soit édité à la date prévue, mais je peux t'assurer qu'à partir du moment où j'ai fixé une date de réalisation, je n'avais plus le choix. Bien entendu, je me suis mis un peu de pression, mais je suis capable de vivre avec cela. Si tu ne te mets jamais de défis dans la vie, jamais d'obligations, que vas-tu accomplir au cours des cinq ou dix prochaines années ? Fixer une date de réalisation à ton projet, c'est la seule façon de te mettre à l'oeuvre et de passer en mode exécution.

Assure-toi que ton projet est réalisable

En faisant la description de ton projet, tu verras que certains facteurs de réussite sont liés au projet lui-même et que d'autres se rapportent à toi, à tes compétences, à tes habiletés et à ta capacité de mener ce projet à son terme.

Bien sûr, je n'ai pas changé d'idée et j'ose espérer que tu ne craindras pas de viser haut et de chercher à obtenir des résultats qui peuvent actuellement te paraître hors de portée. Ne te laisse pas trop impressionner par le passé ou par ce que tu as réalisé jusqu'à présent ! Je sais que tu peux faire beaucoup plus, accomplir plus et gagner plus.

Mais assure-toi que tu possèdes tous les outils qu'il faut, que tu détiens la formation et les bases nécessaires pour te lancer dans une nouvelle aventure ou dans un secteur d'activité que tu ne connais pas encore suffisamment. Peut-être devras-tu d'abord acquérir une certaine formation, des compétences additionnelles ou encore, t'inscrire à un programme universitaire ou prendre des cours privés ? À toi de voir !

Ces conditions constitueraient par le fait même un projet intermédiaire de quelques années qui, une fois réalisé, te permettrait de t'attaquer enfin au projet que tu considères actuellement et que tu désires réaliser plus que tout, mais que tu n'as pas les moyens d'entreprendre maintenant.

Par exemple, si tu décidais de changer de carrière ou de profession et que tu choisissais de réaliser un film, peut-être qu'avant d'entrer à l'université, on te recommanderait d'acquérir certaines connaissances, de compléter des examens et de suivre des cours préparatoires afin d'obtenir tous les certificats exigés par l'université. Ce qui représenterait décidément un véritable projet.

MON PROJET

Maintenant, choisis une belle feuille blanche dans ton *Cahier d'entretiens* et, sur la première ligne, inscris en lettre majuscule : MON PROJET. Commence aussitôt à mettre par écrit le projet que tu comptes réaliser, en te rappelant qu'une grande partie du pouvoir que ce projet exercera sur ta vie repose sur ta façon de le décrire : une déclaration positive, dynamique, précise et convaincante de ce que tu as l'intention d'accomplir.

Sois créatif. Ce que j'attends de toi, c'est que tu prennes le temps de bien choisir les mots que tu emploieras pour exprimer ton idéal, que tu fasses l'expérience, pour la première fois peut-être, de la force de ton imagination et du pouvoir de l'inspiration. Détends-toi et laisse aller ta créativité. Choisis des termes stimulants, énergiques et incitatifs, qui vont faire en sorte que tu ne souhaiteras plus qu'une seule chose : te mettre à l'œuvre le plus rapidement possible !

N'oublie pas d'inscrire la date de réalisation de ton projet et de mentionner les changements que celui-ci provoquera dans ta vie, dans celle de ta famille, de tes amis ou de tes employés. Quand tu auras terminé la rédaction de ton projet, va à la page suivante et réfléchis à ces questions :

- De toutes les options que je possède, est-ce vraiment celle à laquelle je désire me consacrer ?
- Ai-je vraiment envie d'utiliser toutes mes énergies et tout mon temps à ce projet et à nul autre ? De mettre tous mes autres projets à l'écart ? De ne me consacrer qu'à cette seule cause ?
- Est-ce que le timing est bon pour entreprendre ce projet à cette période-ci de ma vie ?
- Est-ce que ce choix implique que j'aurai d'autres choix à faire, par exemple, de me séparer de ceux que j'aime pendant un certain temps ? Est-ce que je suis prêt à cela ?
- Est-ce que je suis prêt à assumer toutes les conséquences de ce projet ?
- Est-ce que d'autres personnes devront y prendre part ? Est-ce que je suis à l'aise avec ça ? Est-ce que je peux prendre le leadership de ce projet ? Est-ce que je peux rassembler toutes les personnes et tous les éléments requis pour leur donner la direction voulue ?
- Est-ce que j'ai le courage de me lever et de m'engager à réaliser ce projet qui porte mon nom ? De faire tout ce qu'il faut pour compléter ce projet dans les délais prévus ?
- Est-ce que je suis certain qu'aucun détail ne m'échappe ?

Maintenant que tu as conçu ton projet, j'espère que tu ressens vivement l'excitation qui se produit en chacun de nous lorsque nous décidons de nous lever pour nos idées et de réaliser un rêve. Il reste encore beaucoup de chemin à faire et surtout, il te reste une étape importante que nous franchirons ensemble dans le prochain entretien : la conception d'un bon plan d'action. Mais auparavant, voyons les trois autres facteurs critiques de la réussite de ton projet.

2. PRÉVOIS LES OBSTACLES

Bien entendu, tu dois t'attendre à faire face à certaines difficultés et à quelques contrariétés qui se dresseront comme des obstacles sur le chemin que tu t'emploieras à suivre pour réaliser ton projet. Et comme c'est maintenant ta responsabilité de faire avancer celui-ci du rêve à la réalité, aussi bien réfléchir tout de suite à ce qui pourrait t'empêcher d'y parvenir. Il est évident que tu ne peux prévoir toutes les difficultés qui se présenteront. La plupart vont se poser sur ton chemin sans aucun avertissement. Mais tu peux essayer de prévenir certaines d'entre elles en réfléchissant davantage à tout ce qui pourrait t'empêcher de parvenir à tes fins.

Ces obstacles sont de deux types : les premiers viendront du projet lui-même, des événements ou des circonstances, mais les plus difficiles à surmonter viendront de toi, le concepteur et réalisateur de ce projet. Commençons par ces derniers. Bien sûr, je prends pour acquis, puisque nous en avons déjà parlé, que tu as les compétences requises, mais il pourrait arriver que tu te rendes compte que ton projet exige beaucoup plus d'énergie, de discipline et de conviction de ta part que ce que tu avais prévu.

Tiens-en compte dans ta préparation et réfléchis dès à présent à ce que tu devras faire si jamais tu t'apercevais que ton projet demande plus d'efforts et de temps que tu avais anticipé. Devras-tu sacrifier certaines activités ? Mettre de côté tes loisirs et ta famille ? Changer certaines habitudes, t'inscrire à un programme de formation ou d'entraînement ?

Ne te laisse surtout pas distraire par toutes les occasions que tu rencontreras pendant que tu t'emploieras à réaliser ton projet. Dire non à une bonne occasion est souvent très difficile, surtout pour quelqu'un qui possède un esprit d'entrepreneur. Ne sois pas comme le lièvre qui change constamment de direction chaque fois qu'il croise de nouvelles pistes sur son parcours. Si tu veux absolument réaliser ton projet, il faut que tu te prépares à ne pas te laisser déconcentrer par d'autres occasions. Es-tu prêt à refuser carrément tous les autres projets qui pourraient t'être proposés pendant que tu compléteras celui-ci, même si certains, à première vue, semblent représenter une bonne occasion ?

En ce qui concerne le projet lui-même, plusieurs obstacles pourraient survenir. Il est difficile de tous les prévenir et tu devras te préparer à leur trouver une solution au fur et à mesure qu'ils se présenteront. Mais je peux déjà te confirmer que le plus grand obstacle viendra des revers, des refus et des échecs que tu connaîtras. Ne te laisse pas impressionner par tes échecs et, surtout, par les pensées négatives qui pourraient faire surface. Ne les refuse pas. Demande-toi simplement : qu'est-ce qui ne fonctionne pas ?

Revois ta stratégie. J'ai connu plusieurs personnes qui ont dû changer leur approche à maintes reprises avant d'en trouver une qui fonctionne. Et rappelle-toi que ce qui a motivé la plupart des grandes découvertes et des inventions, c'est un sentiment d'insatisfaction par rapport à une situation donnée ou un résultat recherché.

Lorsque tu débuteras la phase d'exécution de ton projet, n'accorde pas trop d'importance aux premiers résultats. Ils n'arrivent pas nécessairement au même moment que l'action. Continue à agir, à suivre ton plan d'action, et les résultats viendront. L'important, c'est de conserver ton attitude et de demeurer motivé. Apprends à être optimiste. Considère toujours le côté positif des choses. Et, si tu éprouves des difficultés à te motiver, n'hésite pas à relire les entretiens 2, 3 et 4 ou encore, à t'imprégner de tes 100 raisons d'agir.

Souviens-toi des raisons qui ont motivé ton choix et pourquoi tu es prêt à faire tous ces efforts. Ne compare surtout pas tes résultats à ceux des autres, à plus forte raison s'ils œuvrent dans le même secteur depuis longtemps. Suis ton plan d'action avec ténacité, avec acharnement, et ne te laisse pas impressionner. Un jour, ce sont eux qui te regarderont du coin de l'œil et qui se demanderont comment tu fais pour obtenir si rapidement de tels résultats.

3. VISUALISE TA RÉUSSITE

Exerce-toi aussi souvent que possible à visualiser la réussite de ton projet, à t'imaginer au moment de sa matérialisation. Tu constateras rapidement que parfois, il y a de terribles contradictions entre ce que tu veux et le résultat que tu obtiens, entre tes rêves et la réalité. Tu ne réaliseras pas tes rêves du jour au lendemain. Par exemple, si ton projet consiste à perdre vingt kilos, tu ne te réveilleras pas demain matin avec vingt kilos en moins. En te rendant compte chaque jour que, pour le moment, rien ne change, tu risques de t'affoler et de perdre de vue ton objectif. Tu risques de perdre confiance en tes capacités d'être un jour en mesure de le réaliser. Donne-toi un peu de temps...

Le plus grand danger qui te guette, c'est de rester accroché à ta condition actuelle. Il faut absolument que tu apprennes à discipliner ta pensée et à prévoir du temps, tous les jours, pour visualiser la réalisation de ton projet. Efforce-toi de le faire chaque matin ou le soir avant de dormir. Prends cinq minutes, c'est tout ce que cela va te demander.

C'est un exercice tellement simple à faire : ferme les yeux et pense à celui ou à celle que tu seras lorsque tu auras réalisé ton projet. Pense aux émotions que tu vivras. Pense à tous les aspects de ta vie qui seront affectés par la réussite de ton projet. Pense à tes amis, aux membres de ta famille et à leurs réactions devant ton accomplissement. Pense à leurs sourires, à la joie qui émanera de leurs regards, à la fierté, à la confiance et à l'énergie que tu dégageras. Pense au bonheur qui resplendira sur ton visage.

N'as-tu jamais rêvé que tu étais une grande vedette sportive et que les gens se bousculaient pour te serrer la main ? C'était tellement réel comme sensation que tu t'es même surpris à sourire. Ce rêve éveillé était justement un exercice de visualisation réussie et c'est exactement ce que tu dois faire tous les jours si tu veux éviter de donner du pouvoir à tes conditions de vie actuelles au détriment de celles que tu anticipes.

Tous ceux qui performent connaissent la puissance incroyable de la visualisation créatrice. Avant même de mettre le pied dans la cabine d'un avion, les apprentis-pilotes passent des centaines d'heures dans un simulateur de vol. Ils apprennent à s'imaginer dans toutes sortes de situations et à prendre rapidement une décision lors de circonstances difficiles et imprévues.

Il en est de même pour la plupart des athlètes. Ceux-ci ont appris depuis longtemps à visualiser la victoire. À se voir sur le podium. C'est ce qui les motive à payer le prix de la réussite, à s'entraîner intensément et pendant plusieurs années, pour une compétition qui parfois ne dure que quelques secondes ou quelques minutes.

Les spécialistes en psychologie du sport ont été les premiers à promouvoir les bénéfices de la visualisation et plusieurs enseignent à leurs athlètes à se servir de l'imagerie mentale : une méthode qui consiste à leur apprendre à se servir de leurs cinq sens lorsqu'ils imaginent le déroulement d'une compétition ou d'un événement. Ils se servent également des progrès de la neuroscience cognitive pour aider leurs athlètes à visualiser certaines situations afin d'acquérir de nouvelles compétences, pour ensuite s'en servir dans une situation réelle.

Il est prouvé depuis longtemps que la visualisation est un moyen fort utile pour se préparer à des situations sportives stressantes. Si elle permet à un athlète d'aborder la situation réelle avec plus de confiance et de se sentir moins anxieux durant un événement, ne penses-tu pas, compte tenu de l'immense défi qui t'attend, que tu aurais intérêt à t'en servir toi aussi pour libérer toute l'énergie dont tu auras besoin ?

4. ENGAGE-TOI À 100 %

C'est maintenant l'heure de crier haut et fort ton intention inébranlable de te donner corps et âme à ton projet. De t'engager à 100 % à faire tout ce qui doit être fait pour assurer la matérialisation de ton rêve le plus cher.

Je ne crois pas que le type d'engagement que demande un projet significatif soit à la portée de tous les individus, parce que la décision de s'engager peut avoir des conséquences sur tous les aspects de leur vie. Si tu as suffisamment de maturité, de courage et d'audace pour prendre la décision de t'engager à 100 % dans la réalisation de ton projet, alors prends-la maintenant. Si tu n'es pas encore certain, alors réfléchis à ceci : n'en as-tu pas assez de toutes tes tentatives précédentes, de tes nombreuses hésitations et de ton incapacité jusqu'à présent de te décider pour de bon à faire ce que tu veux dans la vie ?

N'en as-tu pas assez d'être toujours au même point depuis tant d'années ? Réfléchis et prends ta décision. Ce sera ta décision finale. Ton moment de vérité. Après cela, il ne sera pas question de changer d'idée ou de rebrousser chemin. Comme disait un de mes amis : « *Décide ou décède !* » Donne vie à ton projet ou laisse-le mourir !

Je comprends ce qui peut se passer en toi si tu n'as jamais pris une telle décision, mais si ton projet correspond à ce que tu désires vraiment plus que tout dans la vie, si tu sens qu'il est là, en toi, que c'est à cette cause que tu entends consacrer ton temps et tes efforts, alors prends ton courage à deux mains et engage-toi maintenant à démarrer ce projet et à faire ce qu'il faut pour l'amener à terme.

Engage-toi à offrir 100 % de tes capacités, 100 % de toi-même en toutes circonstances, peu importe les difficultés qui se présenteront, à aller au bout du monde s'il le faut ! On se sent toujours mieux, plus productif et fier de soi, et beaucoup mieux disposé pour la prochaine étape de son cheminement lorsqu'on est conscient d'avoir donné son maximum.

À partir de maintenant, ton projet devient ta raison de vivre. C'est ce que j'essaie d'exprimer lorsque je te demande de t'engager à 100 %. Faire ce qu'il faut faire, et le faire jusqu'à ce que la tâche soit complétée. Payer le prix. Avoir parfois le sentiment d'être poussé au-delà de l'épuisement. Faire tous les sacrifices que cette tâche exigera et au même moment, ressentir l'exaltation de faire ce qu'il y a à faire.

Bien sûr, il y a des risques. Un projet comporte toujours certains risques. Mais ces risques, tu en as déjà tenu compte dans la description de ton projet et dis-toi que tout est possible à partir du moment où un individu s'engage et qu'il décide, de toute la force de son être et en toute connaissance de cause, de se risquer et d'aller de l'avant !

La seule façon que je connaisse de s'engager, c'est de se compromettre : d'entreprendre une action qui nous empêche de rebrousser chemin. Lorsque j'ai annoncé la date du lancement du *Coach Invisible* devant un auditoire de plus de cinq cents personnes, je ne me suis accordé aucun choix. J'ai pris un risque qui ne me laissait plus qu'une seule voie : faire tout ce qu'il fallait pour produire ce livre à la date prévue.

Il est très important que tu agisses rapidement. La décision de réaliser un projet crée beaucoup d'énergie, de magnétisme et d'enthousiasme, mais ceux-ci perdront leur pouvoir si tu ne passes pas à l'action immédiatement. Agis dans les vingt-quatre heures. Fais un premier pas. Pose un premier geste. Cette action en entraînera une autre. Elle est symbolique. Elle démontre ton intention et confirme ta décision de t'engager à passer à l'action.

Puisqu'on discute du pouvoir de l'engagement, tu connais sûrement la différence qu'il y a entre une poule et un cochon qui collaborent à ton petit déjeuner quotidien ? La poule s'implique en pondant un œuf… Le cochon s'engage : il met sa vie en jeu !

Le prochain entretien t'offrira une superbe occasion de t'engager et de te compromettre : la conception de ton plan d'action et l'exécution de celui-ci.

LE MAGNIFIQUE PROJET DE PIERRE LAVOIE

Pierre Lavoie est une figure très connue au Québec. Champion du monde de l'Ironman d'Hawaï à trois reprises dans sa catégorie, son cheminement exceptionnel dépasse la notion même de frontière. Travailleur d'usine honnête, ancien fumeur et idéaliste en latence, l'éveil du père et de l'athlète conscientisé fut aussi spectaculaire que le soleil qui se lève sur le fjord du Saguenay où il s'entraîne quotidiennement.

À la fin des années 90, Pierre perd sa petite Laurie des suites de l'acidose lactique, et quelques années plus tard, pour les mêmes raisons, il perd son fils Raphaël âgé de vingt mois. *« Perdre ses enfants, c'est comme tomber dans le vide sans jamais toucher le sol. On n'a plus de repères et on a mal partout »* nous confie-t-il. Face *à ces* événements, son instinct lui disait qu'il fallait faire quelque chose pour mettre en veilleuse cette maladie qui ravageait tant de jeunes vies et décimait de nombreuses familles. Il fallait qu'il emprunte une voie où il allait délaisser une quantité de choses pour s'investir corps et âme dans une aventure qui devait amener beaucoup de gens à sa suite. *« Bien souvent les épreuves nous ouvrent de nouvelles opportunités, de nouvelles avenues,* nous dit-il. *C'est dans l'inconfort qu'on devient plus fort »*

Dès lors, en 1999, il lance le premier Défi Pierre Lavoie au Saguenay-Lac-Saint-Jean (650 km de vélo en 24 heures), un exploit qu'il répétera à trois reprises. Grâce à ce défi, Pierre réussit à recueillir les fonds nécessaires pour mettre en place une équipe multidisciplinaire de chercheurs à l'Université du Québec à Chicoutimi. Des avancées importantes sont réalisées, et le gène responsable de l'acidose lactique est finalement trouvé en 2003. Un test de dépistage est aussi mis au point, offrant ainsi de l'espoir aux futurs parents.

Pierre n'est pas à cours de projets : il crée donc Le Grand Défi Pierre Lavoie dont la mission est de promouvoir l'activité physique et de saines habitudes de vie chez les jeunes. À travers ce défi, il ne cherche ni la gloire, ni la reconnaissance. Il cherche plutôt à faire une différence dans la vie des gens, et il espère qu'un jour, il pourra dire qu'il aura été un acteur important dans la santé de plusieurs. Pas besoin d'attendre si longtemps Pierre, car à ton contact, on ressent immédiatement ton énergie contagieuse.

Pierre est un homme de résultats et il voit à l'amélioration continue de son projet. Un projet peut prendre des formes multiples, mais à son avis, il ne faut pas avoir peur de l'effort et travailler inlassablement à sa réalisation. Également, il faut le porter à l'intérieur de soi avec une grande passion pour que celle-ci devienne le cœur de toutes nos actions. J'ai été très touché par l'entrevue que j'ai réalisée avec Pierre, comme avec toutes les personnes que je vous présente dans ce livre. La bonne nouvelle, c'est que vous êtes tous appelés à laisser aussi votre marque. Bon succès!

www.pierrelavoie.org

ENTRETIEN 6

FAIS TON PLAN ET PASSE À L'ACTION !

« L'action seule libère. »

—Blaise Cendrars

« L'action doit suivre la vision. Il ne suffit pas de fixer le haut de l'escalier, encore faut-il en gravir les marches. »

—Albert Koons

« Ce n'est pas tellement les choses qu'on a faites que celles que l'on n'a pas faites qui tiraillent un peu le cœur au coucher du soleil. »

—Marguerite Sangster

ENTRETIEN 6

FAIS TON PLAN ET PASSE À L'ACTION !

« *Plan your work and work your plan* », clamait Earl Nightingale, un des premiers motivologues américains, avec Napoléon Hill et Norman Vincent Peale. J'avais vingt ans et ces paroles sont restées gravées en moi comme celles d'une chanson populaire.

Je constate qu'après toutes ces années, rien n'a changé. Ce n'est pas en restant assis et en méditant tous les jours sur ton projet que celui-ci va finir par se concrétiser. Tu t'es donné un projet, tu as maintenant la responsabilité de le faire avancer, de faire ton plan de match et de te mettre à l'oeuvre ; de planifier les actions qui te permettront d'atteindre le but que tu t'es fixé et d'agir tous les jours, sans discontinuer, jusqu'à ce que celui-ci devienne réalité.

Le plan de match que tu vas concevoir va te permettre de focaliser tes activités sur ce que tu dois faire, absolument, pour atteindre ton objectif. Plusieurs ne réalisent pas toute l'importance d'un plan d'action. Ils y pensent un peu, se font un tout petit plan et se mettent à courir dans toutes les directions. En coaching, on s'amuse à dire que ces individus ont une toute petite tête et de très grandes jambes. Tu connais sûrement des gens comme cela: ils sont toujours occupés, mais finalement, ils ne réalisent pas grand-chose.

À l'inverse, il y en a qui mettent beaucoup trop de temps à préparer leur plan d'action. Ils ne semblent jamais prêts à agir. Il manque toujours quelque chose à leur plan, qu'ils réécrivent sans cesse, le retournant dans tous les sens, examinant à la loupe chaque élément, explorant toutes les options et analysant chaque détail. Évidemment, tu les rencontres quelque temps plus tard et ils sont toujours à peaufiner leur plan. L'action, ce sera pour un autre jour. On dit d'eux, toujours pour plaisanter, qu'ils ont une grosse tête et de très petites jambes.

En réalité, ce que je m'efforce de démontrer, c'est que la réalisation de ton projet exigera une juste répartition de ton temps entre la phase planification et la phase exécution. Ne gaspille pas ton énergie à courir dans tous les sens. Planifie tes actions. C'est essentiel! Mais ne reste pas trop longtemps à réfléchir et à attendre que les conditions pour lancer ton projet soient quasi parfaites. Elles ne le seront jamais. Fais ton plan, fais comme si tu étais certain de réussir et fonce!

Conçois ton plan d'action

Un bon plan d'action génère énormément de confiance et d'énergie. Il offre également un sentiment de sécurité, parce qu'il t'aide à comprendre chaque étape de ton projet, chaque action que tu devras faire, et à savoir que tout est sous contrôle. Fais ton plan comme s'il s'agissait d'une entreprise que tu gères. Peut-être bien que tu diriges effectivement une entreprise. Alors tu sais très bien comment faire un bon plan d'action. Mais si tu n'en possèdes pas, quel que soit ton projet, agis comme si tu étais à la tête d'une entreprise : TOI Inc.

Si tu étais propriétaire de ton entreprise et que tu allais à la banque pour obtenir un prêt, il est certain qu'on te demanderait de voir ton plan d'affaires. N'est-ce pas ? Pourquoi, d'après toi, la banque exigerait-elle de voir ton plan d'affaires ? Parce qu'elle veut s'assurer d'être payée. Elle veut être convaincue que tu réussiras. C'est exactement l'objectif premier de ton plan d'action : assurer la réussite de ton projet.

En réalité, ce n'est pas compliqué : le point de départ, c'est ton projet, tel que tu l'as décrit lors du dernier entretien. Pour lui donner vie, il s'agit maintenant de penser à tous les moyens que tu devras mettre en place pour atteindre ta cible, à toutes les activités que tu devras faire, au temps requis pour chacune ainsi qu'aux ressources et aux outils nécessaires à sa réalisation. Considère donc chaque activité que tu auras à faire comme une étape à franchir pour atteindre ton objectif.

Je suis convaincu que si tu veux sincèrement réussir ton projet, tu vas bien t'amuser à faire ton plan d'action.

Pour t'aider, prends ton *Cahier d'entretiens* et réfléchis à ces quelques questions :

- Quelles activités concrètes dois-je mettre en œuvre pour réaliser mon projet (décrire si possible le contenu sommaire de chaque activité) ?
- Quels sont les résultats auxquels je m'attends de chaque activité ? Qu'est-ce que je cherche à réaliser ? Quels sont mes objectifs spécifiques ?

- Si ces activités exigent que je sollicite des individus, partenaires ou entreprises, ou des groupes d'individus, de partenaires ou d'entreprises, je dois identifier clairement mes cibles. Quelles sont ces cibles ?

- Quelles activités dois-je prioriser ? Quelles sont celles qui auront le plus d'impact sur la réalisation de mon projet ?

- Combien d'individus, d'entreprises ou de partenaires dois-je contacter et solliciter pour atteindre mes objectifs ? Quels sont les critères minimums de réussite ? Combien d'actions dois-je prévoir et, si cela s'applique, combien d'appels de sollicitations ?

- Quelles sont les dates de démarrage et de réalisation de chaque activité ? Si cela s'applique, à quelle fréquence chaque activité devrait-elle être faite ?

- Quels autres outils et ressources dois-je prévoir ? Est-ce que je dois suivre une formation spécifique ? Qu'est-ce que ça prend et qu'est-ce qui me manque pour assurer la réussite de mon projet ?

- Comment vais-je me donner ces outils, ces ressources et ces formations qui me manquent ?

- Est-ce que j'ai prévu de quelle façon je vais financer mes différentes activités ainsi que les outils et les ressources dont j'aurai besoin ? Est-ce que je dispose d'un budget ? Sinon, comment vais-je me procurer les fonds nécessaires ?

Une fois que tu auras complété ton plan d'action, révise chaque activité une dernière fois, vérifie la date du début et celle de la finalisation de chacune, assure-toi que tu t'es donné suffisamment de temps pour compléter chacune d'entre elles et que tes prévisions sont réalistes. Vérifie bien toutes les étapes de ton plan jusqu'à ce que tu sois certain que chaque étape va se faire telle que tu l'as planifiée.

Si ton projet est plus complexe, n'hésite pas à le diviser en sous-projets plus faciles à gérer et à prévoir un calendrier d'exécution pour chacun de ces sous-projets. N'oublie pas de mettre en évidence les activités pour lesquelles tu excelles, afin de te stimuler à compléter le plus rapidement possible les autres activités, de façon à te concentrer sur celles-ci. En revanche, certaines activités te paraîtront sûrement moins intéressantes et plus ardues à accomplir, mais si elles font partie de ton plan d'action, tu dois les faire et t'y attaquer de la même façon que tu entreprendrais une tâche plus plaisante et plus facile à gérer.

Pour te donner un exemple, voici le plan d'action que j'ai conçu pour la rédaction du livre *Réalise ton rêve*:

PLAN D'ACTION

- Faire la liste des articles, des billets, des livres et des ouvrages à consulter. Faire la lecture de tous les documents choisis et prendre note des points marquants.

- Définir l'objectif ainsi que le plan du livre.

- Répartir les documents retenus ainsi que les notes de lecture en huit sections, devant éventuellement former les huit entretiens que contient le livre.

- Faire la liste des étapes à franchir pour réaliser ce livre :
  - rédaction,
  - relecture et corrections,
  - mise en page,
  - dernières corrections et approbation,
  - impression.

- Estimer le temps requis pour chaque étape, en commençant par la date de parution :

- impression :	4 semaines
- dernières corrections et approbation :	1 semaine
- mise en page :	3 semaines
- relecture et corrections :	2 semaines
- rédaction :	10 semaines

- Prévoir trente à quarante heures/semaine pour la rédaction.

- Préparer la jaquette de couverture (à donner en sous-contrat).

- Faire la liste des personnalités sportives à interviewer.

- Préparer les entrevues, les enregistrer et les rédiger.

Tu vois, ce n'est pas un plan d'action très compliqué. Mais comme je tenais à m'assurer de faire le lancement du livre à la date prévue, je me devais de faire ce plan d'action et de prévoir des échéances, ainsi que toutes les heures que je devrais investir dans la rédaction et la production du livre. Il ne faut surtout pas oublier le facteur temps. C'est souvent la principale ressource dont on a besoin pour mener un projet à terme. Pour une personne qui a de multiples occupations et qui entreprend un nouveau projet, le plus difficile à réaliser, c'est d'allier vie professionnelle, vie affective, vie familiale et vie sociale.

Qu'on le veuille ou non, notre vie, ce n'est que du temps. On naît à une date et on disparaît à une autre date. Tout ce que l'on a, c'est le temps entre les deux. On ne peut accélérer le temps ni le ralentir, et on ne peut être à deux endroits en même temps. On doit donc faire des choix et c'est justement l'objectif de ce petit commentaire : avant de passer à l'étape exécution de ton projet, assure-toi une dernière fois du temps que ce projet va te demander. En as-tu suffisamment à lui consacrer ? Qu'es-tu prêt à sacrifier pour obtenir le temps dont tu as besoin ? Tes temps libres ? Tes loisirs ? Ta famille ?

Une dernière question : possèdes-tu les moyens financiers pour entreprendre ce projet ? J'ai connu tellement de gens qui ont dû se résigner à abandonner un projet, pourtant bien amorcé, faute de financement. Plus ton projet est grand, plus il est complexe, plus tu dois songer à son aspect financier et à la façon dont tu devras générer des fonds. N'attends surtout pas d'avoir entrepris ton projet pour régler cet épineux dossier. Détermine tes obligations fixes, décide également du standard de vie minimum dont tu auras besoin et pendant combien de temps, et vérifie si les fonds dont tu disposes te suffiront pendant que tu t'emploieras à réaliser ton projet. Sinon, il te faudra concevoir un plan qui générera suffisamment de fonds pour te supporter durant cette période.

Assure-toi également de prévoir ce que tu devras faire si tout se mettait à aller de travers et que tu te rendais compte soudainement que ton plan ne suffit pas à te mener là où tu veux. Devras-tu penser à d'autres activités, ajouter des heures supplémentaires, des stratégies additionnelles ? Et à quel prix ? Voici une excellente devise qui correspond au titre d'un livre écrit par Donna R. Childs : *Plan for the best, prepare for the worst.* Ce qui signifie : *planifie pour le mieux et prépare-toi au pire !*

Tu ne peux pas tout prévoir, tous les obstacles et tous les ennuis, c'est impossible. Personne ne le peut. Mais tu pourrais tout de même prévoir que ça pourrait aller mal, un peu plus mal que prévu, et te prémunir d'un plan B. Si les choses tournent mal, tu seras prêt. Surtout mentalement, car tu auras pensé à ces circonstances imprévues.

Je te rappelle que ton attitude face à un événement est plus importante que l'événement lui-même. Quand tu fais montre d'une attitude positive, aucune situation, même de mauvais augure, ne peut jamais t'entraîner vers le bas, mais toujours vers le haut, vers ce qu'il y a de meilleur en toi, entraînant un recours immédiat à toutes tes forces, à tous tes talents. Rien de mieux qu'un obstacle pour apprécier le pouvoir que tu as de faire face à une situation avec courage et résilience.

Passe à l'action !

Je t'ai déjà entretenu sur le pouvoir incomparable de l'action, lorsque je t'ai suggéré de te donner 100 bonnes raisons d'agir et ensuite, de passer à l'action le plus rapidement possible, non seulement pour réaliser tes buts, mais pour faire arriver ce merveilleux mode de vie que tu as choisi pour ton avenir, et aussi, pour donner une chance à toutes ces nouvelles habitudes que tu as décidé d'adopter de se manifester progressivement dans ta vie.

Il est indispensable de mettre tout le temps qu'il faut pour planifier tes activités, mais cela ne suffit pas !... Il faut agir !... Il faut faire un plan et il faut agir ! Le plus important, ce ne sont pas les premiers résultats. Tôt ou tard, ceux-ci viendront ! Le plus important, c'est de te mettre en marche. « *Le premier pas est le plus ardu* », dit l'adage. Alors, fais ce premier pas ! Maintenant !

Il n'y a pas beaucoup de différence entre ceux qui font avancer leur projet et ceux qui n'avancent pas. Une toute petite différence, qui fait... toute la différence : une personne est juste sur le point d'entreprendre un projet alors qu'une autre passe à l'action ! Tu veux faire la différence ? Saisis la première activité qui trône au sommet de ton plan d'action et entreprends aujourd'hui même une tâche, un geste qui te permettra de t'exclamer : « *Ça y est, c'est parti !* » Je suis convaincu que tu vas ressentir l'excitation que provoque toujours le premier geste, la première action. C'est cette toute petite action qui va faire qu'un jour, tu vas pouvoir crier : « *Ça y est, j'ai réussi !* »

Tu t'es sûrement amusé à concocter ton plan d'action. Maintenant, amuse-toi à l'exécuter. Pour t'aider, pense à tous ces athlètes qui s'entraînent pendant quatre ans, et parfois plus, pour une toute petite compétition, comme le 100 mètres par exemple, qui dure à peine dix secondes. Penses-tu que ces athlètes ne s'amusent que pendant ces dix secondes ? Au contraire, ces dix secondes leur donnent la chair de poule. L'anxiété est à son comble.

Certains athlètes éprouvent même des malaises avant la compétition. S'ils gagnent, la récompense est phénoménale. Mais s'ils ne gagnent pas, est-ce que tout le temps consacré à l'entraînement serait du temps perdu ? Qu'arriverait-il à celui et celle qui n'auraient pas joui de tout ce temps, de toutes ces heures pendant lesquelles ils s'étaient parfois entraînés jusqu'à épuisement ? Tu vois bien que cela n'a aucun sens. Tous les athlètes aiment s'entraîner. C'est un mode de vie qu'ils ont choisi et dont ils raffolent.

Je t'ai déjà dit que j'ai beaucoup travaillé avec des patineuses et des patineurs artistiques. Ce sont des jeunes gens qui mettent une énergie incroyable à s'améliorer et à devenir les meilleurs de leur discipline. Pendant une session de travail, je leur ai demandé quelle était leur plus grande motivation à patiner : pourquoi, chaque jour, pendant au moins cinq heures, et cela depuis des années, continuaient-ils à patiner et à s'entraîner ? Quand on est dans la vingtaine, on veut être libre, profiter de la vie, sortir et s'amuser avec ses amis, faire des folies. Il y a mille choses qui nous intéressent. Alors pourquoi cet entraînement intensif et exigeant ?

Ils m'ont expliqué qu'il leur était impossible de même imaginer ne pas s'entraîner et ne pas patiner. Même s'ils doivent faire beaucoup de sacrifices, consacrer énormément de temps à leur sport, se coucher tôt, bien manger, éviter l'alcool, c'est le mode de vie qu'ils ont choisi. C'est la route qui mène à leurs rêves et ils ont pris la décision ferme de la suivre. On le constate chez tous les grands athlètes, quel que soit le sport pratiqué, la décision de s'entraîner exige beaucoup d'efforts et de discipline. L'éthique de travail doit être irréprochable. Les athlètes l'ont. Est-ce que toi tu l'as ?

Inspire-toi des athlètes. Ton plan d'action, il te faudra peut-être plusieurs années d'exécution et d'efforts pour le matérialiser. Fais-en ton mode de vie. Prends plaisir à agir. Fais en sorte que ces actions reflètent cette passion qui t'anime, cette ferveur et cet enthousiasme qui te soulèvent lorsque tu penses à ton projet. Prends une décision irrévocable à l'égard de toutes ces actions que tu choisis de faire maintenant pour obtenir ce que tu veux plus tard.

Apprends à t'organiser

En concevant ton plan d'action, tu as défini tes activités à long terme. Réfléchis maintenant à ce que tu dois faire à court terme pour que les choses avancent, et à la façon dont tu vas le faire. Que comptes-tu faire cette semaine ? Que comptes-tu faire aujourd'hui ?

Tu souviens-tu du film *Taxi Driver,* dans lequel Robert De Niro répétait sans cesse : « *Un jour, je vais m'organiser !* » Ce jour, c'est aujourd'hui ! N'attends pas à demain. En faisant ton plan d'action, tu as choisi les activités que tu comptes exécuter, tu les as placées par ordre de priorité, tu as défini des dates d'échéance pour chacune, maintenant il faut que tu prennes la première activité sur ta liste et que tu t'organises pour faire ce qui doit être fait chaque semaine et chaque jour pour t'assurer de compléter cette activité selon la date de réalisation que tu as prévue.

Le meilleur conseil que je puisse te donner, c'est celui-ci : PLANIFIE CHAQUE SEMAINE À L'AVANCE ET CHAQUE JOURNÉE LA VEILLE. Si tu as parfois l'impression de manquer de temps pour faire tout ce que tu as prévu, c'est que tu manques définitivement d'organisation.

Commence par planifier tes semaines. Chaque vendredi, ou chaque samedi si tu préfères, réserve-toi quelques heures pour planifier la semaine qui vient.

Fais la liste de toutes les actions que tu devras faire cette semaine-là et sépare celles qui sont importantes de celles qui le sont moins. Les actions importantes sont celles qui ont un lien direct avec ton projet. Dans un deuxième temps, il te faudra distinguer les actions urgentes à accomplir de celles qui ne le sont pas. Ces actions urgentes sont celles que tu dois accomplir dans un avenir très rapproché. Mais elles ne sont pas nécessairement importantes, c'est-à-dire en lien direct avec ton projet.

Fais la liste des actions importantes, puis celle des actions moins importantes. Détermine ensuite parmi les actions importantes celles qui sont urgentes et décide de t'y attaquer en priorité la semaine suivante. Essaie d'estimer le temps requis pour chacune de ces actions et réserve immédiatement du temps à ton agenda pour ces actions. De la même manière, réserve ensuite du temps pour les actions importantes mais non urgentes, puis pour les actions moins importantes mais urgentes, puis enfin, s'il te reste du temps, pour les actions non importantes et non urgentes.

C'est le meilleur moyen de t'assurer de faire chaque semaine ce qui doit être fait pour avancer ton projet et, surtout, d'éviter de perdre ton temps dans des activités qui sont sûrement plaisantes, comme une sortie avec des amis, un film que tu t'es promis d'aller voir, une partie de golf avec des copains, mais qui n'ont aucun rapport avec ton projet. La réalisation d'un projet demande une force de caractère et une capacité de décision qui ne sont pas données à tous les individus.

En ce qui concerne maintenant le planning de tes journées, le meilleur moment pour le faire, c'est la veille. À la fin de chaque journée de travail, réserve-toi un peu de temps pour prévoir ce que tu feras le lendemain. Fais la liste de toutes les actions requises, évalue le temps nécessaire pour chacune et classe-les par ordre de priorité, en commençant encore une fois par les actions importantes et urgentes et en terminant par celles qui sont non importantes et non urgentes.

Si tu as parfois de la difficulté à dormir parce que tu penses à tout ce que tu devras faire le lendemain et que tu te tournes et te retournes avec anxiété parce que tu t'imagines, avec raison, qu'il te sera impossible de tout faire, je te garantis que si tu fais cet exercice de planning avant d'aller au lit, tu vas dormir comme un bébé !

Le lendemain, attaque-toi à l'action numéro un sur ta liste et ne touche pas à l'action numéro deux tant et aussi longtemps que tu n'auras pas complété ton action prioritaire. Si tu n'as pas le temps d'exécuter toutes les actions qui apparaissent sur ta liste, ne t'en fais pas, tu auras au moins la satisfaction d'avoir accompli les activités les plus importantes à l'égard de ton projet. Et c'est ce qui compte, non ?

Chaque journée t'offre l'occasion de te démarquer, de faire un pas de plus vers ton objectif. Quoi de plus satisfaisant que de jeter un coup d'œil à ta liste et de constater, à la fin d'une journée épuisante et bien remplie, que toutes les actions prévues ont été cochées, que tu as réussi à faire tout ce que tu as dit que tu ferais cette journée-là en ce qui concerne l'avancement de ton projet.

Le bel aujourd'hui

Concentre ta pensée chaque jour sur le moment que tu vis et sur les actions que tu fais par rapport à l'actualisation de ton projet. Notre pensée se fixe rarement sur le présent. La plupart des gens ont l'esprit obnubilé par le passé ou par l'avenir. Lorsque ton esprit est envahi par les regrets ou que ta tête est remplie de soucis par rapport à ce qui pourrait t'arriver demain, tu ne peux pas être totalement présent à ce qui se passe ici et maintenant. Et c'est pourtant ici et maintenant qu'un projet se réalise, aujourd'hui seulement que tu peux agir. Chaque petite action que tu fais chaque jour est aussi importante que le projet lui-même, car sans celle-ci, il n'y a plus de projet.

« *La fortune, madame, est journalière* », disait Casanova, dont on aurait grandement tort de n'associer le nom qu'à ses conquêtes féminines. Casanova était un libertaire, un travailleur autonome du XVIIIe siècle. Il ne vivait que de ses écrits et des différents petits commerces qu'il avait réussi à mettre sur pied. Ce qu'il souhaitait plus que tout, c'était mener une vie excitante, sans aucune retenue. J'ai beaucoup apprécié la lecture de son livre *Histoire de ma vie*[1], et je me suis souvent senti inspiré par l'excellente critique qu'en a faite Chantal Thomas, dans un petit livre fort sympathique : *Comment supporter sa liberté*[2].

« *Ce texte nous touche en tant qu'inscription d'une passion : celle de ne pas distinguer sa vie d'une pièce de théâtre... Une vie dangereuse, où rien n'est assuré et où tout peut arriver... Casanova nous entraîne à organiser ou désorganiser notre présent pour le rendre plus intense, à fuir de toutes nos forces l'usure, le pouvoir momifiant de l'habitude, son anesthésie au quotidien... La lecture de Casanova réveille, revigore. Il nous dégoûte de nous satisfaire de peu, de nous résigner aux nuits mornes et aux petits matins moroses... Il s'en tient, sans faille, à son éthique de liberté... Il n'est pas un voyageur, mais un aventurier : le génial metteur en scène de sa propre vie.* »

---

[1] Jacques Casanova, *Histoire de ma vie*, Galimard, Folio Classique, 1986

[2] Chantal Thomas, *Comment supporter sa liberté*, Rivages/Petite Bibliothèque, 2000

N'attends pas les invitations à réussir, car ceux qui t'avaient promis de te les envoyer ont oublié de mettre un timbre sur l'enveloppe. Il n'y a que toi qui puisses insuffler la vie à ton projet par les actions que tu accomplis chaque jour. Toi seul qui puisses lui permettre de prendre son élan et sa vigueur.

Décide ce qu'il te faut faire chaque jour, classe tes actions par ordre de priorité et attaque la première sur ta liste chaque matin, l'action juste, celle qu'il te faut faire absolument, celle qui te décharge de ta responsabilité et qui te permet d'éliminer automatiquement celles qui sont tout au bas de ta liste et qui n'ont aucun rapport avec ton projet.

Apprends à te discipliner

Le plus grand obstacle qui se dresse entre un individu et son projet, c'est souvent lui-même, car lui seul est en mesure de prendre la décision d'agir immédiatement chaque fois qu'il doit le faire. D'où vient donc cette mauvaise habitude qu'ont la plupart des gens ? Je veux parler bien sûr de la procrastination, cette habitude qui consiste à remettre à plus tard les activités qu'on avait décidé de faire aujourd'hui.

Selon une étude de l'Université de Calgary, 95 % des gens ont tendance à remettre les choses à plus tard et 25 % d'entre eux le feraient sans cesse, dans tous les aspects de leur vie. Hier soir, tu as fait la liste des choses à faire aujourd'hui, tu les as classées par ordre d'importance et tu es présentement assis à ton bureau avec cette liste sous les yeux. Pourquoi est-ce si difficile de faire ce qui est écrit au numéro un ? Pourquoi cette habitude de t'attaquer à des tâches banales, sans importance et qui se situent au bas de la liste ?

Un peu comme si la personne qui avait fait cette liste hier soir n'était pas la même que celle qui s'est levée ce matin. Soudainement, tu t'occupes à faire toutes sortes de choses qui n'ont aucun rapport avec ce que tu as décidé la veille. Qu'est-ce qui s'est produit pour que tu abandonnes toutes tes bonnes intentions ? Si tu n'avais pas de projet, la raison en serait évidente, mais tu as un projet et même un plan d'action et pourtant, tu hésites. Que se passe-t-il ?

Je suis d'avis que la cause principale de la procrastination est la peur de l'échec. La peur de ne pas être certain de réussir l'action qu'on a décidé de faire. La peur de ne pas être à la hauteur. Par exemple, supposons que la première action sur ta liste consiste à communiquer avec quelqu'un que tu ne connais pas, ou pire encore, à le solliciter pour un partenariat, pour une commandite ou simplement pour un rendez-vous. Voici la seule façon que je connais de surmonter ce problème : prends l'habitude de l'action immédiate. FAIS-LE MAINTENANT !

À partir d'aujourd'hui, chaque fois que tu penseras « *je le ferai demain* », annule immédiatement cette pensée et remplace-la par « *fais-le maintenant !* » Tu dois communiquer avec quelqu'un et soudainement, tu penses que tu pourrais tout aussi bien l'appeler demain. Annule cette pensée en composant immédiatement le numéro de cette personne. FAIS-LE MAINTENANT !... Voilà la seule façon de vaincre cette mauvaise habitude.

Pour briser une mauvaise habitude de travail, tu dois apprendre à te discipliner et t'acharner à répéter les habitudes que tu désires acquérir, de façon à éliminer progressivement celles dont tu veux te dégager. Pour te défaire d'une mauvaise habitude, remplace-la par son contraire, jusqu'à ce que tu la possèdes entièrement et qu'elle fasse partie intégrante de ta nature profonde.

Sois persistant. Cela prend parfois plusieurs semaines pour se défaire d'une mauvaise habitude et pour en acquérir une nouvelle. La plupart des gens ont besoin de quelqu'un d'autre pour leur inculquer la discipline qui leur manque. Il est tellement plus facile de reporter une tâche lorsqu'on n'a aucun compte à rendre !

Un des messages les plus inspirants de toute la littérature consacrée à la motivation et au développement personnel fut adressé à un groupe de vendeurs par Albert Gray, au milieu du vingtième siècle. Alors président et chef de la direction de la Prudentielle d'Amérique, M. Gray avait intitulé sa conférence : « *Le dénominateur commun du succès* ».

Cette conférence a été reproduite à des millions d'exemplaires. Voici le cœur du message de M. Gray : « *Le dénominateur commun du succès, le secret de chaque personne qui réussit tient au fait que cette personne a acquis l'habitude de faire les choses que les ratés ne font pas* ».

PRENDRE L'HABITUDE DE FAIRE LES CHOSES QUE LES RATÉS NE FONT PAS ! Voilà certainement une bonne définition de la discipline. Fais une liste des choses que tu n'aimes pas faire, mais qui sont par ailleurs essentielles à la réussite de ton projet et fais-les ! Même si tu n'es pas d'humeur à les faire, et peu importe l'issue ou le temps que cela te demandera, fais ce que tu as dit que tu ferais. Tu n'es pas un raté. Tu es un gagnant !

Prends exemple sur les champions. Même si un athlète possède un talent inné, ce talent ne pourra l'amener qu'à un certain point. Pour aller au-delà de ce point, il devra apprendre à dépasser ses limites par un entraînement régulier, et beaucoup, beaucoup de discipline. Et que dire des artistes, des musiciens, des acrobates et des magiciens qui consacrent leur vie à perfectionner leur numéro? Il y a tellement de personnes qui ne font pas d'efforts, qu'il n'est pas difficile de comprendre que si tu en fais seulement un peu plus qu'eux, que si tu te disciplines à faire tous les jours ce qu'il faut, tu réaliseras ton projet.

Mesure ta progression

Un dernier point en ce qui concerne ton plan d'action: prends l'habitude de mesurer régulièrement ta progression. Tu t'es fait un échéancier pour chaque étape et chaque activité de ton plan d'action. Assure-toi chaque semaine au minimum que tu progresses vers ton objectif ultime et que tu respectes tes échéanciers. Pour t'aider, considère ton projet à la façon d'un rallye automobile. Tu t'es donné une destination et tu as choisi un chemin pour t'y rendre. Tu as aussi des points de vérification à passer. Assure-toi que tu les passes à la date prévue et surtout, que tu n'as pas bifurqué en cours de route, que tu n'as pas oublié une activité essentielle à la réussite de ton projet.

Pense aussi à l'athlète dont la spécialité est le 5000 mètres. Lorsqu'il s'entraîne, il se fixe un objectif pour chaque tour de piste et il essaie constamment de battre ses temps intermédiaires. Mais s'il ne les mesure pas, il ne peut savoir où se situent ses faiblesses et comment améliorer ses performances. Cependant, je suis convaincu que si cet athlète est sérieux, il s'est assuré les services d'un bon coach, un coach exigeant qui mesure sa progression à chaque tour de piste et qui l'aide à devenir meilleur en le défiant sans cesse.

Accorde-toi du temps pour réfléchir constamment à l'évolution de ton projet. Si tu sens que tu prends un peu de retard, revois la description que tu as faite de ton projet, révise les décisions que tu as prises et choisis de les garder vivantes en toi et de les respecter. Tous les jours, toutes sortes de situations peuvent survenir, des obstacles, des circonstances imprévues qui demanderont toute ton attention et qui pourraient faire en sorte, si tu ne trouves pas un moyen de te rappeler constamment ton projet ainsi que les choix que tu as faits, que tu finisses par tout oublier.

À tout moment, réfère-toi à ton plan d'action pour mesurer tes progrès, identifier les principaux défis qui sont apparus, rechercher les solutions et faire les changements requis à ton plan. Si une activité qui aurait dû être achevée ne l'est toujours pas, tu dois trouver la raison de ce retard. Sinon, tu devras penser à accroître tes efforts ou le temps prévu à la réalisation de cette activité ou encore, penser à un nouveau plan qui te permettra de terminer cette activité selon un nouveau calendrier.

Quoi qu'il advienne, reste toujours positif. En toutes circonstances, analyse tes résultats, essaie de comprendre ce qui s'est produit, évalue les activités que tu avais décidé d'entreprendre, ainsi que les cibles que tu avais choisies, et étudie particulièrement les écarts entre les résultats que tu avais prévus et ceux que tu as obtenus.

Évalue honnêtement où tu en es, essaie de voir si tu progresses ou si tu régresses, décide des ajustements que tu dois apporter à ton plan d'action, retrousse-toi les manches, pense à tes raisons d'agir, aux véritables raisons qui te motivent à redoubler d'ardeur, et continue d'avancer jusqu'à ce que tu réussisses. Ce n'est surtout pas le temps d'abandonner !

ELIA SAIKALY, UN HOMME D'ACTION

Elia a eu une enfance tumultueuse. C'est le moins qu'on puisse dire. De maisons d'accueil en maisons d'accueil, c'était un enfant rebelle qui a côtoyé les bas-fonds de l'existence. Cependant, il fit une rencontre qui allait changer le cours de sa vie : Gino Dupuis, un homme exceptionnel qui aide les jeunes délinquants à sortir de la rue en leur donnant confiance en eux. Fondateur du club AVATAR (jeunes guerriers), Gino initie les jeunes au Qi Gong, un art martial qui développe le contrôle de soi.

À l'âge de 17 ans, Elia soulève 238 kg au *dead lift* et cette expérience lui redonne confiance en lui. Il sort progressivement de la délinquance et se réalise dans plusieurs domaines d'activité : il devient mannequin et acteur à Los Angeles pour des séries télévisées. Il prend de plus en plus d'assurance devant et derrière la caméra.

Une autre rencontre importante se profile dans sa vie : il fait la connaissance de Shawn, PhD en Kinésiologie, qui veut faire l'ascension du toit du monde à l'âge de 63 ans. Un de ses objectifs est d'inspirer les Canadiens à s'engager dans l'activité physique et dans un mode de vie sain. Il deviendrait le Canadien le plus âgé à l'avoir accompli s'il réussissait l'exploit. Elia l'accompagne à titre de caméraman. Malheureusement, Shawn meurt durant l'ascension et Elia se donne la mission de relever le défi de son ami.

Ainsi, il décide, grâce à la technologie et à son expérience de producteur de films d'aventures, d'inviter 20 000 jeunes à le suivre en direct lors de sa montée de l'Everest. Quelle inspiration pour ces nombreux jeunes de voir de leurs yeux la réalisation d'un tel défi. Sans compter que grâce aux fonds recueillis, Elia va mettre en branle plusieurs projets, dont la création d'un centre au Kenya pour les jeunes.

Avec plus de 16 expéditions à son actif, Elia a prouvé maintes et maintes fois qu'il a la détermination, l'endurance, l'ingéniosité et la vision nécessaires pour satisfaire le plus grand des défis.

Elia investit beaucoup de son temps en partenariat avec des organismes de bienfaisance. Son plan d'action s'élabore au fur et à mesure et est appelé à changer, mais la cible à atteindre, elle, est claire et précise : montrer aux autres comment trouver le courage et la force de vivre leurs rêves, embrasser l'inconnu et contribuer à bâtir un monde meilleur !

www.eliasaikali.com

ENTRETIEN 7

APPRENDS À MANAGER TON ENVIRONNEMENT

« Les obstacles ont seulement l'importance que vous leur prêtez. »

– Mike Horn, explorateur

« Vis maintenant ! Risque-toi aujourd'hui ! Agis tout de suite ! Ne te laisse pas mourir lentement ! Ne te prive pas d'être heureux ! »

– Pablo Neruda

« Courageux, insoucieux, moqueur, violent ! Ainsi nous veut la sagesse : elle est femme et ne peut aimer qu'un guerrier. »

– Friedrich Nietzsche

ENTRETIEN 7

APPRENDS À MANAGER TON ENVIRONNEMENT

La réalisation d'un projet, pour celui ou celle qui n'en a pas l'habitude, peut générer une bonne quantité de stress : du stress négatif, mais du stress positif également. La poursuite d'un objectif s'accompagne en effet de moments forts, de périodes d'exaltation, d'occasions de réjouissances, de plaisir, de récompenses et de bonheur.

Ces éléments de stress positifs sont quand même faciles à gérer, quoiqu'il faille toujours être sur ses gardes et ne pas se laisser emporter par le sentiment d'euphorie qu'apporte avec elle la réussite. Si tu n'as plus la tête qu'aux célébrations, cela peut constituer une distraction qui finira par t'éloigner de tes véritables objectifs et de ce que tu essaies de réaliser.

Gère ton stress

Il est beaucoup plus difficile d'apprendre à gérer le stress négatif, celui qui fait tellement plus mal :

le stress intense que peuvent provoquer parfois les défis que tu te donnes ou ceux que la vie t'envoie. Il est indéniable que la réalisation de ton projet et l'exécution de ton plan d'action vont te permettre de connaître certains moments fébriles, mais il est fort possible aussi que tu aies à faire face à des situations problématiques qui pourraient devenir excessivement stressantes : retard dans tes échéanciers, défection d'un de tes partenaires, annulation d'une commande, difficultés de financement, blessures et maladies – la plupart du temps d'origine psychosomatique et reliées directement à ton état de stress.

Le stress peut également provenir de situations qui n'ont rien à voir avec ton projet, mais qui ont une influence défavorable sur celui-ci. Je pense entre autres à une déception amoureuse, à la maladie ou à la mort d'un être cher. Il faut que tu apprennes absolument à ne pas te laisser engloutir par la pression, par l'angoisse et par l'anxiété qui peuvent résulter de situations comme celles-ci. Si tu acceptes de reconnaître que tu es toi-même la cause première de ton stress, que tu le façonnes toi-même par les pensées négatives que tu entretiens, tu vas pouvoir éliminer une bonne partie de celui-ci.

On peut définir le stress comme la réaction physiologique, psychologique ou comportementale que nous adoptons pour faire face à un danger ou pour nous accommoder d'une situation. Le stress n'est pas quelque chose qui nous arrive. Il ne provient pas des situations elles-mêmes, mais de nos réactions face à celles-ci. Il résulte essentiellement de la perception que nous avons d'un événement et de la crainte que nous éprouvons de ne pas disposer des ressources et des capacités nécessaires pour y faire face.

Le stress se développe d'abord dans ta pensée, dans les conversations que tu entretiens avec toi-même, dans le monologue intérieur incessant que tu fabriques par rapport à ce que tu vis et par rapport à ton interprétation d'une situation donnée. Plus tu penses à la situation négative à laquelle tu fais face, et plus ton stress a de l'emprise sur toi.

Il devient alors de plus en plus difficile de le maîtriser, car plus tu accordes tes pensées à ce qui t'arrive et aux conséquences de ces événements, plus tu le renforces : tes pensées font rapidement boule de neige, ton monologue intérieur s'amplifie et tu te mets soudain à t'inquiéter, à t'affoler, à blâmer, à critiquer et à interpréter les paroles des autres à ton endroit.

Tout cela se passe dans tes pensées : une toute petite voix qui ne cesse de te répéter encore et encore les mêmes choses, et qu'il te semble impossible de contrôler. Ton stress devient alors de plus en plus insoutenable, jusqu'à t'empêcher de dormir et à te rendre malade. J'ai connu des gens qui ont été foudroyés par le stress et c'est pourquoi je désire te mettre en garde. Comme dit l'adage : « *un homme averti en vaut deux !* »

Si un jour tu devais te sentir angoissé par la direction inattendue que prend soudainement ton projet, il est primordial que tu t'arrêtes pour réfléchir à ce qui se passe, que tu sois conscient de la situation que tu vis et que tu acceptes celle-ci. C'est l'élément le plus important pour contrer ton stress. Accepte la situation à laquelle tu fais face : c'est comme ça et pas autrement. Il est inutile de te morfondre à penser à ce qui serait advenu si l'événement auquel tu fais face ne s'était pas produit. Cet événement a eu lieu et il n'y a rien que tu puisses y changer. Impossible de retourner en arrière.

On se calme !

Le fait d'accepter la situation contribuera à fixer ta pensée sur ce qui est plutôt que sur ce qui aurait pu être. Accepter ce qui est t'aidera à maintenir ton calme. C'est la chose la plus importante à laquelle tu dois t'astreindre pour faire face aux ennuis. Accepte l'émotion négative que tu ressens. Prends conscience de ce qu'elle provoque en toi, prends deux ou trois bonnes respirations et répète-toi ces paroles : *« Tout se calme. Tout s'apaise. Je me sens tout à fait détendu. Je garde mon sang-froid ».* Répète-les à quelques reprises si tu en ressens le besoin.

Si tu maintiens ton calme face à une situation désagréable, tu empêcheras celle-ci d'ébranler ton équilibre fragilisé et de perturber davantage la source à laquelle tu puises ton énergie et ton dynamisme. Tu auras d'ailleurs besoin de toute l'énergie dont tu disposes. Tu ne peux rien faire quand tu es dans l'émotion et que tu te laisses entraîner dans une spirale de pensées négatives.

Commence par retrouver ton calme, et à partir de ce moment, tu pourras commencer à penser solution ; à penser à ce que tu pourrais faire pour te sortir de ce mauvais pas ; à focaliser toute ton attention sur la solution plutôt que sur le problème. Et cesse de considérer cette situation comme un problème insurmontable, mais considère-la comme un défi. Un défi qui te permettra entre autres de tester ton endurance, ta créativité, ta persistance et ta détermination ; de découvrir ce pouvoir que tu possèdes, cette résilience, cette capacité que tu as de te ressaisir et de regrouper tes facultés.

Tu vois, le stress peut devenir un excellent professeur. Tu as le choix : te laisser emporter par le fardeau de l'émotion qu'il provoque, perdre tous tes moyens, toute contenance, ou décider d'y faire face et t'en servir comme d'un moteur d'évolution, de développement personnel et de découverte de soi. Ce qui importe face à une situation stressante, c'est de ne jamais paniquer. De ne pas donner plus d'importance qu'il n'en faut à la situation. De ne pas focaliser ton attention sur les pensées négatives qui en résulteront mais plutôt sur ta capacité à réagir à une situation, même si celle-ci semble de prime abord catastrophique.

Ne t'inquiète pas inutilement

J'en profite pour souligner que plusieurs individus ressentent une énorme quantité de stress avant même qu'un événement ne se produise. L'angoisse les saisit dès qu'ils commencent à redouter une situation. Ils se mettent alors à imaginer des scénarios tous plus épouvantables les uns que les autres, à les anticiper, comme s'ils pratiquaient un exercice de visualisation négative, ce qui a pour résultat de les faire passer par toutes sortes d'émotions pénibles et aussi stressantes que si cet événement s'était réellement produit.

Si un jour tu te retrouves dans cette situation et que tu te surprends à te ronger les sangs, à te tourmenter et à te tracasser pour des événements qui ne se sont pas encore produits, sache que la plupart du temps, les événements que l'on redoute et qui nous causent tant de stress inutile ne se produisent pratiquement jamais.

Ne perds pas ton temps à imaginer des situations désastreuses. Garde ton énergie pour faire face aux vrais défis que tu devras relever lorsque ceux-ci se présenteront. Emploie-toi plutôt à visualiser la réussite de ton projet et à imaginer des situations réjouissantes, agréables et passionnantes, et qui auront l'avantage de te mettre dans de bonnes dispositions plutôt que d'augmenter inutilement ton niveau de stress et d'anxiété.

Libère-toi de tes peurs

Je m'en voudrais de passer sous silence deux formes de peur que je rencontre souvent chez des individus et qui leur causent un stress considérable et tout à fait stérile : la peur d'être malade et la peur de mourir. Si tu es affecté par une de ces peurs, tu seras certes heureux d'apprendre qu'il est facile de t'en libérer.

Commençons par la peur d'être malade. Je connais des gens qui ont de réels problèmes de santé, mais qui ont appris à vivre avec, et d'autres qui n'ont aucune raison valable de penser qu'ils pourraient être malades, mais qui ne cessent de penser à cette éventualité. Tu vois, ce qui importe, ce n'est pas ce qui t'arrive, mais la perception que tu as d'une situation.

Si tu n'as aucune raison de t'imaginer sur un lit d'hôpital, je me demande bien ce qui t'incite à focaliser ton attention sur cette idée morbide. Pense plutôt que ta santé est rayonnante et que, jusqu'à preuve du contraire, tu jouis d'une forme parfaite. Sans compter que tu fais certainement tout ce qu'il faut pour non seulement protéger ton bien le plus précieux, mais pour te sentir plus fort, plein d'entrain et débordant d'énergie.

À moins que tu ne t'occupes pas suffisamment de ta santé ? Ce qui ne saurait durer, car dans les pages qui suivent, je vais te proposer un plan de mieux-être qui va te permettre de faire ce qu'il faut pour te sentir bien dans ta peau et jouir d'une bonne santé. Évidemment, si tu crains vraiment pour ta santé, et que cette peur se transforme en véritable obsession, comme cette personne que j'ai coachée autrefois et qui souffrait d'une véritable phobie de mourir subitement d'un infarctus, je te conseille de prendre immédiatement rendez-vous avec ton médecin, de lui avouer ta peur, de ne surtout pas hésiter à lui confesser que tu vis un véritable enfer, et de lui demander de te faire passer tous les tests nécessaires, incluant les électrocardiogrammes.

Si ton médecin te confirme que tu n'as effectivement aucun symptôme, que tous tes tests s'avèrent négatifs et prouvent hors de tout doute que tu jouis d'une excellente santé, accepte son verdict une fois pour toutes et cesse de te préoccuper de ton état de santé. Répète-toi plutôt, chaque fois que ta phobie refera surface : « *Je me sens formidablement bien, je me sens jeune et plein de vitalité. Je déborde d'énergie. Vive la vie !* »

Toujours vivant !

Si c'est la peur de mourir qui préoccupe ton esprit sans relâche et que tu ressens souvent une certaine forme d'angoisse provoquée par un état de frayeur paralysante, il se peut que les conseils de ce livre ne soient pas suffisants. N'hésite pas alors à consulter un psychologue ou un psychiatre qui pourra t'aider à reconstruire ta façon de penser. Je sais que plusieurs personnes souffrent secrètement de cette phobie et qu'elle leur cause parfois un stress insupportable.

Il y a plusieurs années, j'ai assisté à un séminaire où l'un des conférenciers avait abordé ce sujet et avait recommandé à tous ceux qui étaient aux prises avec cette peur de mourir – et selon lui une bonne partie de la population en était victime – de se rappeler, chaque fois qu'ils se surprendraient à y penser, que chaque minute que nous consacrons à la peur de mourir est une minute de perdue et que nous aurions tout aussi bien pu être mort pendant cette minute, puisqu'en y pensant, nous cessions de vivre et de jouir du moment présent.

Ce conférencier savait de quoi il parlait. Il nous avait avoué franchement qu'il avait jadis été lui-même victime de cette peur, et il nous avait laissé un petit poème qu'il avait pris l'habitude de lire quand sa peur ressurgissait, et qu'il nous recommandait de lire chaque fois que l'idée de la mort nous assaillirait. C'est curieux, je ne me souviens plus du nom de ce conférencier, mais je me rappelle mot à mot les six lignes que contenait son petit poème… parce qu'à une certaine époque de ma vie, je les ai très souvent lues ! Ce poème, je l'ai appris dans la langue de Shakespeare. Voici la traduction que j'en ai faite :

Dans la chaleur du mois d'août, j'adore croquer,
Dans une belle tranche de melon d'eau glacée,
M'étendre dans l'herbe haute, les bras en croix,
Sans aucune crainte de la mort, je chante à haute voix,
Et si je devais mourir en ce moment glorieux,
Alors je mourrai satisfait d'avoir vécu si heureux !

Plus de trente années se sont passées depuis que j'ai pris connaissance de ce poème et tu vois, je suis toujours vivant !… Invisible, mais vivant !

Un mode de vie professionnel

Je désire maintenant t'entretenir du meilleur moyen que je connaisse pour gérer ton stress : adopter un mode de vie professionnel ; un plan de mieux-être qui te propulsera à un autre niveau. Si ton esprit est régulièrement agité et que tu te rends compte que tu es stressé et anxieux, que tu manques d'endurance et de vitalité, que ton corps est tendu comme un ressort, ce n'est peut-être pas seulement dû à des situations stressantes, mais à ton mode de vie. Se pourrait-il que tu sabotes inutilement ta capacité énergétique ? Que tu empêches inconsciemment ton corps de se soigner lui-même et de t'offrir, en se renouvelant, toute l'énergie et la force mentale dont tu as besoin ?

J'aimerais que tu réfléchisses à ceci : si tu étais pilote de formule 1 et qu'une nouvelle écurie t'offrait le volant de son nouveau bolide, mais en te prévenant que celui-ci n'était pas encore tout à fait au point, qu'il ne pouvait rouler qu'à 80 % de sa capacité et que le moteur, les freins, la transmission, la suspension, en fait, toutes les composantes de ce bolide ne pouvaient t'offrir pour le moment que 80 % de leurs propriétés, accepterais-tu de piloter un bolide comme celui-là ? Dangereux, n'est-ce pas ? Penses-tu que tu aurais des chances de remporter le championnat des conducteurs avec une telle voiture ? Et toi, ton bolide, à quel pourcentage de ses capacités fonctionne-t-il ?

La réalisation de ton projet va te demander une somme d'énergie considérable. Auras-tu la force nécessaire pour survivre à la fatigue, à l'effort, au stress, aux frustrations et aux ennuis ? Rien de plus accablant pour une personne qui cherche à se réaliser que d'avoir un corps qui refuse de suivre. Un corps dépossédé de son énergie vitale. Cherche plutôt à te faire un ami de ton corps. N'oublie jamais que ton PROJET NUMÉRO UN, C'EST TOI ! Il n'y a personne d'autre que toi qui puisse faire rayonner cette énergie qui prend naissance dans chacune de tes cellules. Ta santé, ta forme physique et mentale, c'est toi qui en es responsable.

Il y a quelques années, j'ai coaché un homme d'affaires qui avait toujours de nouveaux projets dont il aimait bien me faire part. C'était un être passionné et très attachant. J'avais remarqué qu'il avait un peu trop d'embonpoint et qu'en plus, il ne faisait absolument aucun exercice physique; et comme plusieurs d'entre nous, il prenait la plupart de ses repas au restaurant et n'avait jamais cru nécessaire d'adopter un agenda alimentaire qui aurait pu lui fournir l'énergie requise pour accomplir ses nombreuses activités.

Je lui avais un jour fait un commentaire sur son état de bien-être et sur le fait qu'il devrait entreprendre à tout prix un programme régulier d'exercices physiques. « *Je n'ai pas le temps en ce moment,* m'avait-il répondu. *Mais dès que j'aurai complété ce projet, je me mettrai à l'entraînement.* » François est décédé d'un infarctus quelques semaines plus tard. Il avait toujours plusieurs projets devant lui, mais il avait complètement négligé son PROJET NUMÉRO UN.

Quand une personne se porte bien, ce n'est pas le fruit du hasard. La plupart de ceux qui conservent une santé resplendissante jusqu'à un âge avancé ont adopté des habitudes de vie saines. Ce sont des gens qui ont pris de sages décisions par rapport à leur mieux-être et qui se sentent responsables de celui-ci. Pierre-Yves Grégoire, premier Québécois à avoir complété le *Iron Man* de Mont-Tremblant, le 18 août 2013, a dit, tel que rapporté dans La Presse : « *Je pense qu'à l'avenir, je vais avoir de plus en plus un mode de vie professionnel pour progresser encore. Il ne me manque pas grand-chose pour atteindre le plus haut niveau* ».

Qu'entendait-il par mode de vie professionnel ? As-tu présentement un mode de vie professionnel ? À mon avis, un mode de vie professionnel, c'est un mode de vie qui privilégie ta santé et ta condition physique. Si tu cherches à accroître ton niveau d'énergie, à maîtriser ton stress et à augmenter ta résistance, ta force mentale et ta concentration, et si tu es d'accord que pour réaliser tes projets, il faut absolument que tu accordes une attention particulière à ton PROJET NUMÉRO UN, je t'invite à concevoir ton propre programme de mieux-être et à adopter un mode de vie professionnel. Pour y parvenir, apprends à gérer les trois facteurs que je considère les plus importants : ton alimentation, ta condition physique et ta respiration.

1. Compose-toi un bon agenda alimentaire

Je ne suis pas un expert en alimentation. En revanche, j'ai fait la connaissance, il y a une quinzaine d'années, de Bernard Valiquette, un coach en alimentation qui m'a beaucoup appris et qui m'a stimulé à chercher à en savoir plus dans ce domaine où règne présentement la confusion la plus totale : il y a tellement d'argent impliqué dans cette saga de l'alimentation, qu'il est souvent difficile de savoir qui dit vrai, surtout quand on sait que les plus grands lobbys de la planète sont contrôlés par des entreprises comme Monsanto et par un ensemble de multinationales de la transformation alimentaire, regroupées dans une association qui compte aussi dans ses rangs des lobbys incroyablement puissants comme ceux du soja, du sucre et de pratiquement toutes les sortes de céréales.

Bernard, qui coache quantité d'athlètes et de gens d'affaires, m'avait indiqué plusieurs sites où je pourrais parfaire mon éducation et tout particulièrement, celui du Dr Joseph Mercola, que tu trouveras sur www.mercola.com. J'ai énormément d'admiration pour le Dr Mercola, dont je reçois une infolettre gratuite tous les matins et ce, depuis au moins douze ans. Son site, qui fait la promotion d'une alimentation biologique et naturelle, est le plus populaire parmi tous les sites en anglais qui favorisent une meilleure santé.

Le Dr Mercola offre également un plan nutritionnel excessivement efficace. Je n'ai pas l'intention de te donner un cours complet sur l'alimentation. Je t'invite plutôt, si le sujet t'intéresse, à visiter son site et à te faire ta propre idée sur l'alimentation que tu devrais choisir, compte tenu de ton état de santé actuel, de ta profession et de tes activités. Un athlète n'a évidemment pas le même agenda alimentaire qu'un étudiant ou qu'un artiste.

Par contre, je désire porter à ton attention quelques principes de base que tu devrais songer à adopter et certaines habitudes que tu devrais à tout prix éviter.

PREMIER PRINCIPE :

Essaie toujours d'équilibrer tes repas par un juste apport de protéines, de glucides et de gras.

Les bonnes protéines viennent du bœuf nourri à l'herbe, sans hormones et sans antibiotiques, du poulet biologique élevé en liberté et des poissons sauvages. Si tu as décidé d'adopter une nourriture végétarienne, je suis certain que tu connais déjà les meilleures formes de protéines non animales.

Les meilleurs glucides sont les fruits et les légumes qui proviennent de l'agriculture biologique. Privilégie davantage les légumes car ils contiennent moins de sucre que les fruits.

Les meilleurs gras sont l'huile de coco biologique, les avocats, le beurre provenant de vaches nourries à l'herbe, l'huile d'olive, les œufs biologiques ainsi que les noix, particulièrement les noix de macadamia, les amandes et les pacanes.

DEUXIÈME PRINCIPE :

Essaie toujours de prendre cinq petits repas par jour, dont deux collations plutôt que trois repas copieux.

TROISIÈME PRINCIPE :

Privilégie davantage les produits biologiques. C'est la seule façon de te prémunir contre tous les pesticides, les antibiotiques, les hormones et les OGM qui ont envahi les marchés américains et canadiens.

ALIMENTS À ÉVITER :

- Tous les sucres et tous les produits qui en contiennent. Évite tout particulièrement les sodas et les jus de fruits, ainsi que tous les sucres et édulcorants artificiels. Si tu dois absolument ajouter du sucre à ton alimentation, choisis le Stevia.

- Toutes les céréales, sauf les céréales germées. Évite particulièrement toutes celles qui contiennent du blé.

- Tous les produits qui contiennent des OGM. Plus de 90 % du maïs, des betteraves et des courgettes américaines et canadiennes contiennent des OGM.

- Tous les produits à base de soja, sauf le miso, le tempeh et le tamari qui sont fermentés. La fermentation transforme les éléments non digestibles du soja. À noter que plus de 90 % du soja américain contient des OGM.

- Toutes les margarines et les huiles végétales.

- Tous les produits transformés. L'industrie alimentaire est pourrie jusqu'à la moelle et certaines multinationales de la transformation n'hésitent pas à ajouter une multitude de produits nocifs dans tes bons petits plats qui ont l'air tellement appétissants… mais tout à fait inacceptables pour quelqu'un qui cherche à accroître son énergie et sa santé.

Tu vas me dire : « *Mais qu'est-ce que je vais manger ?* » Peu de choses !… C'est une plaisanterie, évidemment, parce que c'est la première réaction de la plupart des gens, et j'ai moi-même fait ce commentaire lorsque Bernard m'a remis mon premier agenda alimentaire. Mais j'ai appris à composer avec celui-ci et à le conserver, parce qu'un jour, j'ai décidé de ne mettre que de l'essence SUPER dans mon bolide.

Je t'incite à faire tes propres recherches. C'est un domaine qui est devenu tellement captivant. Ce n'est pas vraiment compliqué : tu n'as qu'à changer certaines habitudes néfastes et à les remplacer par de bons principes d'alimentation. Tu verras, quand tu vas commencer à sentir les effets bénéfiques de tes choix alimentaires, quand tu vas te rendre compte de l'influence considérable qu'ils exercent sur ton niveau d'énergie et d'endurance, tu vas être tellement fier de toi. Informe-toi, étudie la question et prends tes décisions en conséquence.

Si tu as de la difficulté avec l'anglais et que tu ne peux bénéficier des conseils du Dr Mercola, je t'invite à visiter le site LaNutrition.fr, totalement indépendant de l'industrie agroalimentaire, et celui de Vincent Larivée (www.bouffeedesante.com). Ayant œuvré dans le sport de haut niveau en tant qu'athlète et coach pendant plus de 25 ans, Vincent consacre maintenant son temps à la santé et au bien-être des individus, et l'alimentation est un de ses sujets favoris.

2. Prends ta condition physique en charge

Si présentement tu ne fais aucun exercice physique, si tu ne suis aucun programme d'entraînement régulier et que tu n'as prévu aucun moyen de prendre en charge ta condition physique, j'espère que tu réalises que celle-ci, loin d'être stable, périclite tous les jours. Il serait temps que tu te prennes en mains. Un simple programme d'entraînement régulier de vingt à trente minutes par jour, cinq jours par semaine, suffirait pourtant à te remettre en forme.

D'un point de vue scientifique, il est prouvé qu'un bon entraînement physique apporte un élément antidépresseur, qu'il aide grandement à diminuer le niveau d'anxiété d'une personne, qu'il favorise un sommeil plus long et plus récupérateur, qu'il a des effets positifs sur la mémoire et sur le vieillissement du cerveau, en plus d'améliorer l'estime de soi et d'accroître le niveau d'énergie et d'endurance ainsi que la qualité de vie de celui qui le pratique.

Un simple entraînement aérobique comportant quarante minutes de marche rapide et vigoureuse, ou vingt à trente minutes de jogging, augmente le niveau de sérotonine cérébrale de façon spectaculaire. La sérotonine est un antidépresseur naturel souvent défini comme l'hormone du bonheur. Ce qui veut dire que, loin de représenter une corvée, l'entraînement régulier apporte avec lui un sentiment de mieux-être incomparable. Pourquoi t'en priver ?

Si tu ne fais pas d'exercice depuis longtemps, débute lentement. Commence d'abord par t'impliquer : procure-toi une bonne paire de souliers de course et entraîne-toi vingt minutes tous les matins. Les trois principales formes d'exercice sont l'exercice aérobique, les exercices de musculation et les exercices de flexibilité. Si tu n'as le temps que pour une seule forme d'exercice, choisis un exercice aérobique comme la natation, le jogging, la marche rapide, le spinning, la corde à danser ou le vélo, qui aura l'avantage de t'aider à accroître ton endurance, ton rythme cardiaque et ta capacité respiratoire.

Depuis quelques années, différentes études ont fait la preuve des résultats spectaculaires qu'une personne peut obtenir en alternant entre des périodes intensives et des périodes modérées lors de ses entraînements. Une méthode d'entraînement que l'on désigne sous le vocable HITT (*High Intensity Interval Training*), c'est-à-dire Entraînement à Intervalles et à Haute Intensité. Ainsi, plutôt que de faire une heure de jogging, tu peux choisir de n'en faire que vingt à trente minutes, mais en effectuant de nombreux sprints de trente secondes, suivis de périodes de récupération ou de marche de deux à trois minutes.

Selon ces études, les résultats sont nettement plus bénéfiques, sans compter qu'ils vont te demander beaucoup moins de temps, ce qui représente un véritable avantage si les exigences de la vie sur ton horaire t'empêchent actuellement de consacrer à l'exercice tout le temps que tu souhaiterais.

Si tu n'es pas encore convaincu qu'il te faut absolument entreprendre un programme d'entraînement, je te recommande fortement de te rendre sur le portail santé de Biotonix, à l'adresse www.biotonix.com, afin d'y faire un test gratuit qui te permettra, en moins d'une demi-heure, de découvrir l'âge physiologique de ton corps. Les applications disponibles sur ce portail t'offrent également des moyens simples et efficaces d'identifier tes points faibles et de les corriger dans le confort de ton domicile, au moment qui te convient.

L'accès au portail ne nécessite que quelques instants pour l'enregistrement. N'hésite pas à te prévaloir de ce service. Ton projet va te demander une somme considérable d'énergie. Il y a beaucoup de travail qui t'attend. Ton corps doit être fort, robuste et vigoureux. Tu dois absolument te constituer des réserves. Je te mets au défi de t'entraîner tous les jours !

3. Tire avantage de la *cohérence cardiaque*

Malgré la quantité de stress qu'ils ressentent, la plupart des gens n'ont jamais appris à bien respirer, un exercice tellement naturel que bien souvent on le considère comme acquis. Il y a plusieurs avantages à respirer de façon consciente.

Selon le Dr David O'Hare, que tous ceux qui ont assisté à la *Conférence Coaching 2013* ont eu le plaisir d'entendre, lorsqu'une personne est en situation de stress, son système nerveux sympathique sécrète une hormone, l'adrénaline, qui la place immédiatement en état d'alerte. L'adrénaline accélère les battements du cœur et augmente la pression sanguine en vue d'apporter plus d'oxygène aux muscles. Lorsque le stress augmente et que l'adrénaline ne suffit plus, une autre hormone appelée le cortisol vient à la rescousse, laquelle transforme le gras en sucre pour créer plus d'énergie. S'il est trop souvent sollicité, le système nerveux risque de s'épuiser et de sérieux problèmes de santé peuvent surgir.

D'après le Dr O'Hare, non seulement le cortisol accélère-t-il encore plus la fréquence cardiaque, mais il réduit également le diamètre des vaisseaux et rend le sang plus épais, avec toutes les conséquences que ces phénomènes peuvent engendrer. Un simple exercice de respiration qu'on a convenu d'appeler la *cohérence cardiaque* permet au cœur de mieux contrôler ton rythme cardiaque et d'améliorer ta capacité à calmer ton esprit.

C'est le Dr David Servan Schreiber qui avait, le premier, souligné les effets bénéfiques de la cohérence cardiaque sur le stress. Cet exercice est tellement simple : cinq minutes de respiration rythmée à faire trois fois par jour. C'est tout ce dont tu as besoin pour en ressentir immédiatement les bienfaits. David O'Hare recommande la méthode 365 pour te rappeler d'abord de la faire chaque jour de l'année. Les chiffres 3, 6, 5 servent en plus à t'indiquer les principes de base de cet exercice :

3 Séances quotidiennes

6 Respirations par minute (donc, tu inspires pendant cinq secondes et tu expires aussi pendant cinq secondes, ce qui donne six respirations par minute)

5 Tu le fais pendant cinq minutes. Cinq minutes qui vont changer ta façon de respirer.

Pour te faciliter la tâche, tu peux te procurer l'application gratuite Respirelax ou encore, le livre du Dr O'Hare dans lequel tu trouveras quantité d'informations qui t'aideront à bien faire l'exercice *(Cohérence cardiaque 365*, Éd. Th. Souccar). Lorsque le cœur se met à battre en cohérence, les effets se font sentir rapidement :

- régulation du système nerveux autonome ;
- baisse de niveau de cortisol ;
- réduction des effets du stress sur l'organisme ;
- augmentation de la capacité de défense du système immunitaire.

Selon le Dr O'Hare, la cohérence est un simple exercice physiologique dont les résultats s'apparentent de près à ceux des méthodes traditionnelles de méditation. Mais il possède l'avantage incomparable de ne te demander que deux ou trois semaines avant que tu n'en ressentes les effets bénéfiques. Pour en savoir plus et pour avoir des réponses à tes questions, n'hésite pas à consulter le site du Dr David O'Hare à l'adresse www.coherencecardiaque.com

Prends soin de ton relationnel

Pour bien gérer tout ce qui concerne l'environnement de ton projet, tu dois aussi veiller sur ton relationnel, c'est-à-dire l'ensemble des personnes qui gravitent autour de toi. En situation de projet, tu vas te rendre compte rapidement qu'il y a des gens qui sont prêts à tout pour t'encourager à réaliser tes objectifs, et d'autres qui, sans même s'en rendre compte, vont faire tout ce qu'ils peuvent pour t'empêcher d'aller de l'avant.

Quand ils vont t'entendre parler de ton projet, des dizaines de personnes vont te dire que tu rêves en couleur, que ton projet est impossible à réaliser, que ça ne tient pas debout, que tu n'as aucune chance de réussir et que tu risques plutôt de te retrouver avec un gros problème sur les bras. Ces gens souffrent, pour la plupart, de cette maladie que le Dr Guimond nomme avec humour la recto-myopie : ils ont le nerf optique branché au rectum et ne voient toujours dans la vie que le côté emmerdant des choses.

Toujours négatifs, ils critiquent constamment, ne sont jamais d'accord avec qui que ce soit et cherchent continuellement la polémique. N'ayant aucune vision, ils souhaitent naturellement détruire celle des autres et ne demanderaient pas mieux que de les entraîner avec eux. Tu connais sûrement quelques personnes qui correspondent à cette description. Ne perds surtout pas ton temps et ton énergie à discuter avec ce genre d'individus. Éloigne-toi d'eux le plus rapidement possible, sinon tu vas finir par croire en leurs balivernes et encore pire, à penser comme eux.

C'est triste à dire, mais on se souvient plus des paroles de découragement que de celles qui cherchent à nous stimuler. Ne te laisse pas démotiver par l'opinion de quelqu'un d'autre ou par ce qu'il dit ou pense de ton projet. Même si personne n'y croit, l'important c'est que toi, tu y croies. Et rassure-toi, tu ne seras pas le premier à qui cela arrive. Tous les grands créateurs et la majorité des génies, à toutes les époques, ont été contestés.

Ignore les critiques et ceux qui les formulent. Évite surtout de discuter avec ceux qui ne croient pas en ton projet. Ne gaspille pas ta salive à essayer de combattre leurs opinions ou de prouver qu'ils ont tort, et rappelle-toi cette parole de Schopenhauer : « *Songez que si l'on voulait dissuader tous les gens de toutes les absurdités auxquelles ils croient, on n'en aurait pas fini quand bien même on atteindrait l'âge de Mathusalem* ».

L'opinion des autres résulte, la plupart du temps, de leur structure cérébrale, de leur éducation et de tous les exemples et suggestions qu'ils reçoivent depuis l'enfance. La plupart des individus se prononcent sans même savoir de quoi ils parlent et sans avoir vraiment étudié la question. Devrais-tu réellement te soucier de leur opinion ? Faudrait-il absolument que tu obtiennes leur approbation ? Ta propre approbation devrait te suffire. Tu n'as absolument rien à prouver à qui que ce soit. Tu choisis de faire ce que tu as à faire parce que c'est ce que tu as décidé de faire pour que ton projet évolue. Ne discute pas avec ceux qui ne croient pas en toi. Cherche plutôt la compagnie de ceux qui ont confiance en toi et qui sont prêts à t'appuyer.

Forme ton groupe de soutien !

Pour ce faire, je te suggère de former ton propre groupe de soutien. Un animal en cage qui est soumis à des situations stressantes peut accroître sa résistance au point de la doubler si on fait entrer un autre animal avec lui dans la cage. De la même manière, un humain a besoin des autres. Il a besoin de se sentir appuyé. Tu pourras supporter beaucoup plus de pression si d'autres te soutiennent et te font confiance. Peut-être as-tu la chance de pouvoir compter sur quelqu'un qui croit en tes capacités, un parent, un ami, un coach ? Sinon, pense à bâtir ton groupe de soutien.

Prends ton *Cahier d'entretiens* et, en haut d'une belle page blanche, inscris GROUPE DE SOUTIEN et commence à faire une liste de tous ceux qui peuvent t'aider. Pense aux membres de ta famille, à d'anciens compagnons d'étude ou de sport, à des collègues de travail ou à un coach sportif qui a toujours cru en toi, à des amis que tu n'as pas revus depuis longtemps, mais dont tu connais les valeurs et que tu considères comme des modèles dans leur domaine. Pense à des gens qui ont réussi dans le secteur d'activité que tu as choisi et qui pourraient peut-être t'aider et te conseiller, voire te coacher. Invite-les à t'appuyer !

La confiance d'un autre est rassurante. L'idéal, c'est de te constituer un petit groupe de personnes de différents domaines à qui tu peux te confier et qui t'épauleront en cas de besoin, quand ça n'avancera pas tout à fait à ton goût, quand l'obstacle surgira et que tu auras besoin d'encouragements ou simplement d'un petit coup de pouce. Plus ils t'appuieront, plus tu chercheras à leur prouver qu'ils ont raison de te soutenir et de t'encourager à continuer.

La formation d'un groupe de soutien est également une belle façon de faire la preuve de ton leadership, qui n'est rien d'autre finalement que l'habileté à gagner le soutien, la coopération et la confiance des autres. Cette habileté n'est pas donnée à tous et, si en plus de réaliser ton projet, tu bâtis ton leadership, tu seras gagnant sur toute la ligne.

Et maintenant, pendant que tu as ton *Cahier d'entretiens* à portée de main, profites-en pour faire ton plan de mieux-être.

En haut d'une belle page blanche, écris en lettres majuscules : MON PLAN DE MIEUX-ÊTRE, et fais ton plan en t'inspirant du modèle suivant.

MON PLAN DE MIEUX-ÊTRE

Objectif :
(exemple : augmenter ma résistance, ma force mentale et ma concentration. M'amuser. Vivre à 100 % !)

Sommeil :
(exemple : minimum de sept à huit heures par nuit. Idéal, de 22 h à 6 h.)

Alimentation :
Déjeuner :
Dîner :
Souper :
Collation :

Exercices :
(exemple : marche rapide, natation, spinner ou jogging, 30 minutes, 6 fois par semaine)

Exercices de force :
(exemple : musculation, pompes, redressement assis, 15 minutes, 3 jours par semaine)

Cohérence cardiaque :
Nombre de fois par jour (idéal 3 fois par jour)

Méditation :
(exemple : 15 minutes tous les jours)

Lecture :
(exemple : une demi-heure tous les jours)

PAS DE STRESS POUR JESSICA DUBÉ

Jessica est une patineuse extraordinaire. Sa feuille de route est jalonnée de plusieurs médailles récoltées en simple et en couple lors de différentes épreuves olympiques et de championnat du monde. Au début de l'entrevue, elle semblait très heureuse de nous entretenir sur le stress car Jessica carbure au stress ! Pour elle, le stress est synonyme de stimulation et d'adrénaline et elle aime se retrouver dans cet état puisque cela lui permet d'offrir de meilleures performances.

Effectivement, en situation de stress, notre corps réagit : nos pupilles s'agrandissent pour mieux voir ; notre cœur se met à battre plus vite pour envoyer plus de sang à nos membres ; notre digestion ralentit pour en envoyer plus aux jambes, et notre glande surrénale secrète davantage d'adrénaline.

Jessica, à juste titre, est surnommée la petite Ferrari. Lors d'une compétition au Colorado avec son partenaire de l'époque, Bryce Davison, elle reçut en plein visage la lame de son patin suite à un *camel spine*. Ce fut la panique générale. Et effectivement, c'est assez effroyable de visionner les images de la vidéo sur You Tube. Jessica est transportée d'urgence à l'hôpital et va recevoir de nombreux points de suture, 80 au total, pour panser la coupure sur son visage.

Après des séances de désensibilisation qui consistent à regarder plusieurs fois le film de l'accident afin de ne plus être sensible à ce qui s'est produit, l'athlète est confrontée à un choix : être reconnaissante du fait que l'accident n'a pas causé de dommages majeurs ou arrêter de patiner et demeurer marquée par cet accident. Devinez ce qu'a choisi notre patineuse originaire de Drummondville ?

Jessica est tenace. Elle aime sortir de sa zone de confort et cherche à s'améliorer constamment. Le stress, comme le souligne Jessica, est toujours présent quand on fait les choses qui nous tiennent à cœur. Il faut comprendre qu'il n'est pas malsain en soi et bien souvent, il est généré par nos propres pensées. Une fois que nous saisissons cette dynamique psychologique, nous pouvons commencer à abandonner les pensées qui nuisent à notre santé physique et psychologique.

Le but du stress est de nous mettre en garde lorsque nous sommes face à un danger. Le stress est notre meilleur ami lorsqu'il n'est pas déformé par nos pensées négatives. L'aide d'un coach est très bénéfique, comme le souligne Jessica, pour faire le tri et bien identifier ces pensées qui nous paralysent et nous retiennent dans une fausse sécurité. Le coach nous permet de trouver les solutions qui germent à l'intérieur de nous. Il est là pour refléter nos pensées et pour nous aider à trouver nos propres solutions. C'est un guide qui nous éclaire… même s'il est invisible !

ENTRETIEN 8

DÉCIDE D'ALLER JUSQU'AU BOUT !

« *Prends feu avec enthousiasme et les gens viendront de loin pour te voir brûler.* »

– John Wesley

« *Temps dévorant, émousse tes griffes de lion.* »

– William Shakespeare

« *Si tu abandonnes une fois, ça peut devenir une habitude. N'abandonne jamais !* »

– Michael Jordan

ENTRETIEN 8

DÉCIDE D'ALLER JUSQU'AU BOUT !

Pour mener ton projet à terme, tu auras besoin de l'aide et des encouragements que peut t'apporter ton groupe de soutien, mais il te faudra aussi avoir recours à toute la puissance, à tout le capital énergétique que tu peux toi-même générer : croire en toi, inlassablement, croire en ton projet et en tes capacités de le mener à terme, t'engager à fond, agir avec discipline et acharnement, maintenir une attitude positive en tout temps, quelles que soient les circonstances et face aux pires contraintes, aux obstacles ou aux ennuis, comme nous le verrons bientôt.

Pour y arriver, tu auras besoin d'acquérir et de développer une qualité dont je ne t'ai pas encore entretenu, et qui, à mon avis, est indispensable à tous ceux et celles qui cherchent à se réaliser : je veux parler de l'enthousiasme !

Utilise la force de ton enthousiasme

Comme la plupart des gens, j'ai sûrement quelques défauts et aussi certains traits de caractère, certaines qualités que je souhaiterais améliorer. Mais personne ne pourra jamais me reprocher de manquer d'enthousiasme. C'est dans ma nature et j'en suis très heureux, parce que cette qualité m'a toujours bien servi. Son grand avantage, c'est qu'elle est contagieuse. Contagieuse et communicative !

Tu auras toujours besoin de la force incroyable de l'enthousiasme pour communiquer aux autres ta passion, ton ardeur et ton engouement pour le projet que tu as choisi, et ta conviction absolue de le réaliser. Quand un individu s'exprime avec enthousiasme à propos d'un sujet qui l'exalte, il dégage énormément d'énergie et de magnétisme, qui circulent librement à travers lui, avivant chacune de ses paroles, chacun de ses gestes, ce qui a pour effet de renforcer sa conviction. La force d'attraction que génère alors son pouvoir personnel devient un atout indispensable, car plus aucun facteur négatif n'a d'emprise sur lui.

Tu auras également besoin de la force de l'enthousiasme pour bâtir ta détermination de toujours regarder vers l'avant et d'aller jusqu'au bout. Face à un obstacle majeur, comme nous le verrons bientôt, il te faudra d'abord analyser les faits sous l'angle de la réalité. Mais pour ce qui est de trouver une solution, tu devras absolument maintenir ton enthousiasme, sinon, tu vas mettre un frein au pouvoir de ton imagination pour te sortir de ce mauvais pas.

Comme notre ami Michael, tu as toujours le choix entre deux possibilités : tu peux considérer l'obstacle sous son angle le plus négatif ou tu peux choisir de l'explorer en restant positif face à l'ensemble du projet. Qu'est-ce que tu choisis ?

« *L'enthousiasme,* prétendait Thomas Chalmers, *est une vertu qui accompagne rarement les périodes de prospérité calmes et sereines.* » C'est face aux difficultés et aux ennuis qu'il importe d'afficher ton beau sourire et d'exhiber tes yeux brillants. Il faut que tu sois prêt. Bien que tu aies appris à gérer ton stress, sache que certains obstacles se dresseront comme un mur sur ton chemin. Que feras-tu lorsque l'adversité frappera sans prévenir ? Que l'obstacle s'avérera beaucoup plus grand que ce que tu n'avais prévu ? Qu'il te paraîtra quasiment infranchissable ?

Sois fort face à l'obstacle

Considère chaque obstacle comme un défi que tu es capable de surmonter, chaque difficulté comme une épreuve dont tu peux définitivement t'accommoder. Ne te réfugie pas dans l'abattement, dans la compassion ou dans l'apitoiement. Considère plutôt la situation de sang-froid, afin de bien analyser et comprendre la signification du défi qui se présente, et de trouver l'inspiration nécessaire pour l'attaquer de front.

Voici un modèle en quatre étapes pour faire face à une difficulté ou à un obstacle majeur :

1. **Fais un constat :** n'attends pas que les choses se règlent d'elles-mêmes. Ce serait renoncer à ton pouvoir ; ce serait spéculer sur le destin et ça, c'est encore plus hasardeux que la loterie. Ce n'est pas le destin qui va agir à ta place. Toi seul le peux. Commence par faire un constat: que s'est-il passé ? Comment cet obstacle est-il apparu ? Quels sont les facteurs qui ont provoqué cette difficulté ? Quelle est la signification de cet événement ?

2. **Fais ton deuil :** cette étape est cruciale. Tu dois absolument accepter ce qui t'arrive, accepter qu'un obstacle imprévu tente de te barrer la route, qu'une épreuve ou un revers vienne contrecarrer tes plans. Accepte cet échec, tire tes conclusions, et tourne la page. Dis-toi que d'ici quelques jours, l'intégrité de tes moyens te sera revenue. Reste conscient et garde ton pouvoir. Ne le cède pas à l'obstacle. Ne cherche surtout pas d'excuses. Accepte ce qui t'arrive et passe à la prochaine étape.

3. **Pense solution :** considère maintenant le problème auquel tu fais face avec aplomb, courage et créativité. Aie confiance en ton imagination. « *L'imagination,* disait Albert Einstein, *c'est l'intelligence qui s'amuse.* » Il existe sûrement une solution et si tu t'obstines, tu la trouveras. Fais comme tout bon voyageur qui se retrouve soudain face à une route fermée. Sors ton plan, regarde où tu es, fixe ta destination, puis choisis un autre chemin. Peut-être te faudra-t-il revenir un peu sur tes pas pour contourner l'obstacle. À toi de voir !

   Pense aux ajustements que tu pourrais faire à ton plan d'action. Donne-toi plus de temps s'il le faut. Peut-être as-tu sauté une étape importante ? Oublié une activité ? Présumé de l'efficacité de ton plan ? Peut-être devrais-tu accroître la fréquence des activités que tu avais planifiées ? Modifier ta stratégie ? Prolonger la durée de ton plan d'action ? T'entraîner plus fort et plus souvent ? Changer certaines habitudes ?

4. **Passe à l'action :** lorsqu'on pense solution, il y a toujours une idée qui nous vient. Cette idée amène avec elle d'autres idées. Ce qui importe, c'est que tu agisses le plus tôt possible sur ta première idée. Agis en dépit de la peur et de la frustration. Inutile

d'attendre. Si tu passes à l'action, tes activités vont engendrer d'autres activités qui vont finir par provoquer les événements et faire avancer ton projet. Juste un peu peut-être, mais suffisamment pour le remettre en marche.

Cela me rappelle cette histoire que racontait le motivologue Zig Ziggler, décédé à la fin du siècle dernier : si tu places deux petits blocs devant les roues d'une locomotive, elle ne pourra pas avancer ; parce qu'une locomotive, ça démarre très lentement et au départ, ça consomme énormément d'énergie. Mais une fois qu'elle est en route, il n'y a rien pour l'arrêter. Si on élevait un mur sur sa route, elle foncerait au travers.

C'est la même chose en ce qui concerne un obstacle. Un tout petit obstacle peut parfois t'empêcher d'avancer parce que tu lui donnes plus d'importance qu'il en a et que tu t'avoues incapable de le franchir. Pense à ces deux petits blocs qui ont le pouvoir de retenir un train de marchandises. Est-ce qu'il y a présentement quelque chose qui te retient ?

Pense par exemple, à cette idée que tu viens d'imaginer, à cette piste de solution à laquelle tu songes, et entreprends sans tarder une action qui va te remettre sur les rails, en te répétant inlassablement que face à l'épreuve, tu restes solide comme un roc, infatigable et increvable ! Refuse même de penser à la possibilité que l'action que tu entames soit vaine. Le plus important, c'est que tu te remettes à l'œuvre !

La vie est un jeu

Considère la réalisation de ton projet comme un jeu. Un jeu qui te lance des défis, des casse-têtes à résoudre, des obstacles à franchir, et, pour tester ta résilience et ta détermination, de nombreux revers et de lamentables échecs. Si tu acceptes que ceux-ci fassent partie du jeu, alors tu seras stimulé face à n'importe quel défi. Pour avoir une chance de gagner, il faut que tu t'habitues à te mesurer aux obstacles. La seule règle du jeu, c'est qu'après chaque échec, tu dois te relever. Sinon, en ce qui te concerne, la partie est terminée.

Il est évident que certaines journées seront plus laborieuses et qu'elles te demanderont beaucoup d'énergie. Je t'avise que certains jours pourront te paraître interminables et parsemés d'épreuves, telle une véritable course à obstacles, mais tu devras apprendre à les apprécier parce qu'ils font aussi partie du jeu, et que c'est à ce jeu que tu as choisi librement de participer.

Il y aura parfois des moments difficiles à passer, mais ceux-ci sont indispensables pour quiconque cherche à s'améliorer. Tu peux définitivement bâtir ta confiance à partir d'un obstacle. Face à celui-ci, la plupart des gens préfèrent attendre. Ils attendent des directives, ou qu'on leur dise quoi faire. D'autres se plaignent. Ils se mettent alors à blâmer les gens, les faits, les circonstances. D'autres enfin décident de se relever les manches et de passer à l'action. Ils ont appris à percevoir les obstacles comme des défis, comme des façons de grandir et de devenir meilleur. Ils décident quoi faire, et ils le font! De quel groupe fais-tu partie?

Si tu attends que la vie t'apporte ce que tu veux sans que tu n'aies à lever le petit doigt, sans jamais risquer quoi que ce soit, je t'avise que tu ne seras jamais un gagnant. L'adversité est le véritable test du leadership. Il est facile de bien faire, de performer dans des conditions idéales. Mais demeurer pleinement engagé et continuer à donner tous les jours le meilleur de soi quand on est en pleine léthargie ou face à des échecs répétés, c'est la marque d'un champion !

Sors-toi d'une léthargie !

Ceux et celles qui se doivent de performer d'une façon constante et régulière, par exemple, les vendeurs, les représentants commerciaux et les sportifs professionnels, sont sujets à une forme d'obstacle pernicieuse et excessivement néfaste : l'incapacité pendant une certaine période de temps de générer les résultats auxquels ils se sont habitués, ou que les autres attendent de leur part.

Il y a quelques années, le contexte économique était très mauvais et j'ai eu le privilège de coacher des agents immobiliers qui se trouvaient dans une profonde morosité : certains n'avaient pas vendu une seule maison depuis plus de six mois. Tu imagines leur attitude et leur niveau de confiance? La même chose se produit dans le sport professionnel lorsqu'un joueur de baseball est incapable de frapper la balle avec régularité et que sa moyenne se met à dégringoler, ou lorsqu'un joueur de hockey n'arrive plus à compter des buts comme il le faisait.

Plus cette situation dure longtemps, plus l'individu qui la subit en vient à perdre sa confiance en lui. Le doute s'installe, et la peur, l'angoisse et les pensées négatives prennent le dessus, ce qui crée automatiquement encore plus de doutes et de pensées négatives.

Si tu te retrouves dans une situation comme celle-ci, apprends d'abord à te détendre et surtout, à ne pas te culpabiliser. Tu sais que tu as des talents. Ne remets pas ceux-ci en question. Ne doute pas de toi. Reste conscient de ce qui se passe et analyse ta façon de faire. Revois tous les aspects de ton jeu si tu es un athlète; revois ta préparation, ta façon de qualifier ton client et de présenter ton produit si tu fais carrière dans la vente. Mais ne remets pas en question tes habiletés. Ne perds surtout pas confiance en toi et en tes moyens.

Assure-toi toutefois de ne pas te laisser dominer par l'angoisse ou par le stress que tu ressens. Porte une attention spéciale à ton dialogue intérieur et répète-toi constamment que tu es une personne formidable, que tu es cent fois meilleur que les résultats que tu as obtenus récemment, que tu traverses tout simplement une très mauvaise période, mais que celle-ci prendra fin parce que tu vas redoubler d'ardeur, t'entraîner dix fois plus qu'à l'habitude, et faire tout ce qu'il faut pour te libérer de cette situation fâcheuse, mais temporaire.

Visualise ta réussite tous les jours, et attaque-toi à la tâche en focalisant toute ton énergie sur une seule journée à la fois : le bel aujourd'hui ! Prépare chaque journée comme si c'était la plus importante de ta vie. Je te garantis que si tu persistes, que si tu apprends à contrôler ton mental et à ne jamais laisser aucune chance aux pensées négatives de s'y installer, tu réussiras à t'en sortir, ce qui aura pour effet de te rendre encore plus fort que tu ne l'étais avant l'épreuve.

N'abandonne jamais !

Jusqu'à maintenant, je t'ai entretenu de réussite, de désir, de passion, d'accomplissement, de rêve, de projet, de plan d'action, d'effort et de réalisation, mais rien de tout cela ne sera possible si tu ne t'obstines pas. La persistance, c'est cet acharnement, cette obstination qui caractérise les gagnants et qui leur interdit de renoncer à leurs buts ; cette détermination qu'ils affichent et qui les stimule à toujours aller de l'avant, peu importe la quantité d'efforts supplémentaires qu'il leur faut faire pour parvenir à leurs fins.

Qu'adviendra-t-il si tu n'apprends pas à persister ? Que se passera-t-il si tu ne développes pas ta ténacité, ce fameux trait de caractère qu'ont en commun tous ceux qui réussissent à relever les plus grands défis, même lorsqu'on ne leur accorde aucune chance de réussir ? Il ne se passera plus rien ! Tout s'écroulera ! Tes rêves, tes projets, tes objectifs, toutes ces choses que tu as décidé de réaliser sombreront dans l'oubli.

J'essaie simplement de te prévenir: il est possible qu'à certains moments, l'envie de tout abandonner t'assaille, que certaines difficultés soient plus grandes que ce que tu avais anticipé, que les résultats tardent à se manifester et que tu perçoives alors une diminution de ton désir et une baisse significative de ton niveau d'énergie. Cela se produira probablement quelquefois. Plus souvent que tu ne le penses.

Quand cette envie d'abandonner te saisira, ne panique surtout pas. Prends un peu de recul. Revisite tes rêves, tes raisons d'agir, et dis-toi que cette situation est très courante. Tous les athlètes, tous les artistes, tous les vendeurs, tous les gens d'affaires, en somme tous ceux qui réussissent passent par de tels moments. Tous doivent franchir cette étape à un moment de leur évolution.

J'ai coaché plusieurs personnes qui m'ont raconté comment leurs premières années ont été très éprouvantes, et c'est seulement parce qu'ils ont réussi à surmonter de nombreuses épreuves qu'ils ont enfin pu goûter aux joies de la réussite. Qui a dit que cela serait facile ? Certains m'ont même affirmé qu'après plusieurs années de travail acharné qui n'auront finalement servi qu'à leur apprentissage, il s'en est fallu de peu qu'ils n'abandonnent, avant de se hisser finalement parmi les meilleurs de leur secteur d'activité.

Plaidoyer pour l'espérance

À ce propos, j'aime beaucoup ce conte dont nous fait part André Moreau dans un de ses livres[3] et qui, dit-il, lui vient de sa grand-mère. C'est l'histoire de la *bibitte qui remonte du puits.* Cette *bibitte,* elle est tombée au fond d'un puits, mais elle a décidé de s'en sortir. Le problème, c'est que toutes les heures, elle réussit à faire deux pas vers le sommet, mais comme elle est très lente, elle glisse également d'un pas toutes les heures. Son ascension est pénible. Deux pas en avant, un pas en arrière. Tu me diras qu'à ce rythme-là, elle n'y arrivera jamais. Tu te trompes : un jour, à force d'avancer ainsi, deux pas en avant, un pas en arrière, elle finit par atteindre la margelle du puits. Et lorsqu'elle l'atteint, c'est terminé !... Elle ne glisse plus !... Elle ne peut plus retomber en arrière !

Ce conte est un véritable plaidoyer pour l'espérance. Cette drôle de petite *bibitte* démontre clairement que si tu es déterminé à réaliser ton projet, rien au monde, absolument rien ne saura t'en détourner. Il y aura bien sûr des revers et des échecs parfois cruels, mais il y aura aussi des réussites et surtout, une remarquable réussite lorsqu'un jour, si tu continues à croire en toi et si tu persistes, tu réaliseras ton rêve.

J'ai lu la biographie de plusieurs gagnants qui ont connu le succès dans différentes sphères d'activité, l'histoire de femmes et d'hommes qui ont enfin réalisé leur rêve après plusieurs dizaines d'échecs percutants. Tous ont dû lutter pour se sortir d'un mauvais pas. Mais ils ont tenu bon et ils s'accordent à dire que c'est grâce à leur caractère résolu et à leur détermination de continuer qu'ils ont pu accomplir leurs rêves.

---

[3] André Moreau, *Pour réveiller le Dieu endormi*, Éditions Jovialistes, 1974

«*La vie, c'est comme les vagues,* écrivait Françoise Sagan, *une mauvaise, une bonne...*» Le malheur, c'est que lorsque les mauvaises surviennent, plusieurs ont tendance à projeter le sentiment négatif qui les anime dans tout ce qui les entoure. Ils se mettent alors à broyer du noir. Et c'est là le danger: plutôt que de voir dans l'épreuve une occasion de grandir, au lieu de se découvrir dans l'adversité des talents qu'ils n'avaient jamais cru posséder, la plupart paniquent et capitulent au moindre obstacle!

Les gagnants n'abandonnent pas. Ils considèrent chaque défi comme une aventure!... Ils savent qu'il existe une solution, qu'ils la trouveront et que toute l'aventure consiste justement à trouver cette solution! Tu te souviens sûrement de John Goddard, notre fameux explorateur. Voici ce qu'il disait à propos des obstacles:

«*Mes expériences m'ont appris à valoriser encore plus la vie et à savourer intensément chaque moment. La plupart des gens traversent la vie sans jamais vraiment savoir ce que c'est que de démontrer du courage et de l'endurance. Mais j'ai réalisé que c'est dans les moments les plus critiques, quand tu dois faire face à des défis qui paraissent quasiment insurmontables ou même quand tu penses que tu es sûr de mourir, que tu trouves soudainement en toi une source de pouvoir inexploitée que tu ne croyais pas posséder. Lorsque tu fais appel à ce pouvoir pour affronter le problème auquel tu fais face, c'est comme si tu élevais ton âme à une autre dimension.*»

Pour t'inspirer et pour t'encourager à persister et à ne jamais abandonner ton rêve, je te suggère de t'imprégner de ce poème d'Edgar A. Guest, que j'ai traduit librement. Je l'ai partagé avec des centaines de personnes au cours de ma carrière et nombreux sont ceux qui m'ont avoué que ce poème les avait soutenus lorsqu'ils s'étaient retrouvés face à une situation difficile.

NE LÂCHE PAS

Quand les choses vont mal, comme il arrivera souvent
Quand la route que tu suis semble monter constamment
Quand les finances sont mauvaises et les dettes encore pires
Quand tu voudrais sourire et que tu pousses un soupir
Quand les soucis te pressent, quand tout semble un tracas
Repose-toi si tu veux, mais ne lâche surtout pas

La vie est bizarre, pleine de tours et détours
Comme chacun d'entre nous doit apprendre à son tour
Et dans beaucoup d'échecs, on a souvent constaté
Qu'il aurait pu gagner s'il avait persisté
Ne renonce surtout pas quand ça n'avance pas à ton goût
Parfois pour réussir, il suffit d'un autre coup

Le but est souvent plus près que ne pourrait l'imaginer
Un homme qui comme toi est affaibli et troublé
On a souvent vu un lutteur abandonner
Alors qu'il aurait pu si facilement l'emporter
Et il apprit trop tard lorsque la nuit tomba
Combien il était près de la couronne ce jour-là

Le succès n'est qu'un échec retourné à l'endroit
C'est la teinte argentée des ennuis d'autrefois
Et tu ne peux savoir si ton but s'est rapproché
Il peut être tout près, même s'il semble éloigné
Alors, reste au combat quand tu es durement frappé
C'est lorsque tout va mal qu'il ne faut pas lâcher

Attention aux éléphants !

Une des erreurs les plus fréquentes que je rencontre, autant chez les sportifs que chez les gens d'affaires, c'est de se fixer au départ des objectifs trop ambitieux, ce qui entraîne inévitablement des périodes de découragement. Bien sûr, tu nourris de grands rêves, mais entre le point où tu es aujourd'hui et celui que tu vises, l'écart ne serait-il pas trop prononcé ? J'ai entendu un jour une expression qui disait qu'un éléphant se mange une bouchée à la fois. C'est ainsi qu'il te faut considérer ton rêve ultime, cet éléphant que tu désires avaler. Inutile de penser que tu peux y arriver en une seule fois. Il faut que tu y ailles par étapes, une bouchée à la fois !

Je ne te conseille pas de changer ton rêve. Au contraire, garde-le toujours présent dans tes pensées. C'est ton but ultime. Ton projet majeur. Celui qui t'interpelle sans cesse et qui t'incite au dépassement et au « sur-effort ». Par contre, il te faudra peut-être songer à revoir ton plan d'action et à te fixer des buts à court et à moyen termes, qui t'amèneront progressivement vers ton but ultime.

Par exemple, si ton but ultime, c'est de remporter un jour le *Tour de France*, il est évident que tu devras te fixer des buts intermédiaires, que tu devras y aller par étapes : il te faudra d'abord remporter des courses locales, provinciales, nationales puis internationales, avant de te faire inviter à joindre les rangs d'une équipe qui participe au *Tour de France*. Il te faudra ensuite faire tes preuves avec cette équipe, remporter des étapes de tournois majeurs et sûrement quelques Grands Prix cyclistes avant d'être choisi pour représenter ton équipe au *Tour de France*. Comme tu vois, compte tenu de la taille d'un projet, il y a parfois loin de la coupe aux lèvres.

Reste toujours convaincu cependant qu'un jour, peu importe le temps que cela te demandera et les efforts que tu devras y mettre, tu réussiras à atteindre ton objectif. Ta conviction de réussir stimulera ton imagination et tu finiras bien par trouver les moyens nécessaires pour y parvenir. Songe également que chaque petite réussite, chaque succès que tu obtiendras tout au long de ton aventure contribuera à bâtir ta confiance, ta résilience et ta détermination, trois qualités qui te seront toujours utiles, peu importe la direction dans laquelle tes projets t'emporteront.

Détache-toi des résultats

Par ailleurs, il se peut fort bien que malgré toute ta bonne volonté et tous les efforts que tu déploies, tu n'atteignes pas ton objectif. Plusieurs facteurs peuvent te forcer à l'abandon : que ce soit pour des raisons familiales ou à cause de circonstances insurmontables ou hors de ton contrôle, il se pourrait que tu aies un jour à déposer les armes. Ne te discrédite pas pour autant et ne gaspille pas toute cette belle énergie que tu as accumulée au cours de ton aventure à t'apitoyer sur toi-même, à regretter tes décisions et à condamner ta témérité.

Ne t'imagine surtout pas que tu es un raté. À moins de blâmer les circonstances ou quelqu'un d'autre pour tes résultats, tu n'es pas un raté. Accepte que tu te sois trompé, que tu aies mal évalué ta cible, que tu te sois fourvoyé dans ton plan d'action ou dans tes projections. Oublie ce qui s'est produit le plus vite possible et songe immédiatement à un autre projet en te rappelant cet enseignement des maîtres orientaux : « *Tu as droit à l'action, mais pas aux résultats de l'action* ».

Tu viens d'ailleurs d'apprendre une très belle leçon qui va te permettre de grandir encore un peu et d'acquérir un surplus de maturité, car on apprend souvent davantage de la défaite que des plus grandes victoires. Selon plusieurs auteurs orientaux, dont Arnaud Desjardins, qui a publié plus d'une vingtaine de livres sur le sujet – demande à Google de t'en dévoiler la liste – et qui, jusqu'à son décès survenu en 2011, est venu très souvent visiter ses amis québécois, pour réaliser tes objectifs, il faut savoir t'en dissocier.

C'est-à-dire qu'il faut que tu apprennes à ne pas te soucier du résultat. À t'en détacher totalement. Le résultat, c'est l'affaire des dieux. Eux seuls ont le contrôle sur les événements et sur toutes les circonstances qui entourent ton projet. En te détachant du résultat, tu acquerras un pouvoir additionnel, car celui qui ne se soucie ni de victoire ni de défaite possède un avantage incomparable : il n'hésitera pas une seconde à modifier son plan, à changer sa stratégie et à faire ce qu'il faut pour atteindre son but.

Prends la décision d'agir, de t'investir à 100 % dans le plan d'action que tu as mis en place, de vivre pleinement chaque situation, chaque moment de ton aventure, d'attaquer de plein front chaque défi qui se présente, chaque obstacle qui tente de te barrer la route, mais avec toujours cette indifférence quant aux résultats. Bien sûr, tu veux gagner et tu vas faire tout ce qu'il faut pour ça, tu vas faire ce qu'Arnaud Desjardins appelait l'action juste, celle qu'il te faut faire absolument pour réussir ton projet, mais sans t'attacher au gain. Agis, puisqu'il le faut. Joue pour gagner, puisque c'est ce que tu veux, mais en restant toujours indifférent à la victoire ou à l'échec.

Quand tu vas enfin concéder que le résultat ne t'appartient pas, que seule l'action est sous ta responsabilité, ton niveau de stress va se mettre à fondre comme glace au soleil. Tu vas sentir toute la pression que tu te mets sur les épaules tomber d'un seul coup. Pour t'aider à te détacher des résultats, je t'invite à méditer sur deux petits versets que j'ai retrouvés dans un livre d'Arnaud Desjardins[4] et qui viennent du Yoga Vasishtha. Ces versets ont aidé plusieurs individus à transformer l'anxiété que leur causait la poursuite d'un objectif en un sentiment de joie intense et jubilatoire. Les voici :

« *Extérieurement zélé en l'action, mais libre en ton cœur de tout zèle, actif à l'extérieur, mais à l'intérieur paisible, travaille en te jouant dans le monde…* »

« *Sans nul attachement au fond de toi, mais agissant en apparence comme qui est attaché, point brûlé au-dedans, mais au-dehors plein d'ardeur, agis en te jouant dans le monde…* »

Évidemment, il m'est impossible de clore cet entretien sans te demander une dernière fois de prendre ton *Cahier d'entretiens* et de réfléchir à quelques questions. Ainsi que l'affirmait Albert Einstein : « *La chose la plus importante est de ne jamais arrêter de se questionner.* »

Je suis d'ailleurs convaincu que toute personne qui n'est pas actuellement satisfaite de sa situation, ou qui rêve tout simplement d'une vie meilleure, plus dense, plus intense, aura intérêt à lire ce livre et à réfléchir aux questions que propose chaque entretien.

Ces questions représentent une invitation spontanée à passer quelques nuits blanches à la découverte de soi ; une véritable provocation à oser, à rêver, à

[4] Arnaud Desjardins, *Au-delà du Moi*, Éditions de la Table Ronde, 1979

vivre, à risquer et à imaginer pour son avenir des projets toujours plus valorisants. Voici donc les questions relatives à ce dernier entretien :

- Aujourd'hui est le premier jour du reste de ma vie… Est-ce que je suis prêt à choisir ce que j'entends faire de ma vie ?

- Est-ce que je suis prêt à transformer un de mes rêves en projet et à mettre le temps qu'il faut pour concevoir un bon plan d'action ?

- Est-ce que je suis prêt à prendre la décision ferme d'exécuter ce plan d'action et de m'engager à 100 % à le réaliser ?

- Est-ce que j'estime que j'aurai besoin d'aide ? Qui pourrait m'appuyer ?

- Est-ce que je suis décidé à aller jusqu'au bout ? À exécuter mon plan aussi longtemps que j'aurai lieu de croire que j'ai toujours des chances de réussir ?

- Est-ce que je suis prêt à me battre face aux ennuis qui pourraient survenir ? À ne pas laisser ceux-ci me déconcerter ou me détourner de mon plan ?

- Est-ce que je suis d'accord pour me détacher des résultats ? Pour ne pas m'obstiner si un jour je constate que je me suis trompé ? Pour tirer les leçons et modifier mon projet et mes objectifs en conséquence ? Pour ne pas gaspiller mon énergie à ressasser mes erreurs ?

- Est-ce que je suis conscient que ma vie est un jeu ? Que tout ce qui importe, c'est de m'amuser sur le chemin qui mène à la réalisation de mes rêves ?

- Est-ce que je comprends que le plus important, ce n'est pas l'atteinte d'un objectif, mais celui que je deviens chemin faisant ?

- Quelle attitude vais-je choisir aujourd'hui ?

- Comment vais-je profiter de chaque situation pour devenir meilleur, plus fort, plus confiant et plus extraordinaire ?

- Qu'est-ce que j'entends faire pour rendre cette journée agréable et profitable ?

Je termine ce coaching par une série de commentaires inspirants où tu pourras puiser à volonté, certains jours où tu te rendras compte que ton engagement n'est pas inconditionnel, que ton intention et ta motivation ont peut-être commencé à décroître suite à une mauvaise nouvelle ou à une difficulté qui vient chambarder complètement ton plan de match et détruire tes efforts.

Ne laisse jamais aucun facteur extérieur anéantir ta volonté, ton désir de réussir et ton consentement à toujours donner ton 100 %, et par-dessus tout, ne laisse rien, absolument rien, perturber ce plaisir que tu ressens, ou que tu devrais ressentir, à faire ce que tu as choisi de faire dans la vie pour réaliser tes rêves les plus fous et les plus audacieux !

L'inspiration du Coach

L'ATTITUDE

- **Construis-toi une armure**, une attitude invincible !... Indestructible ! Je ne te suggère pas d'être arrogant. Au contraire, je t'incite à te rendre compte de la valeur inestimable que tu recèles, à apprécier l'énergie rayonnante que tu projettes, le dynamisme et la passion qui t'animent. Considère chaque difficulté comme une occasion qui s'offre à toi de solidifier davantage ton attitude.

- **Ne te soucie d'aucune critique** et encore moins de ceux ou celles qui les font. Tu n'as besoin de l'approbation de personne. La seule chose qui importe, c'est que tu sois satisfait de toi-même. Évalue constamment ta progression et assure-toi que tu donnes toujours ton maximum.

- **Si tu ressens de la peur** face à une action que tu dois faire, répète ces paroles : « *Je peux dominer ma peur et je vais agir immédiatement !* » Fais tout de suite ce que tu as choisi de faire. Passe à l'action sans hésiter !

- **Adopte l'attitude adéquate** : « *Pas d'excuses, ce que je veux, ce sont des résultats !* » Si ça n'avance pas comme tu aimerais, redouble d'ardeur, améliore ton plan de match et n'accepte rien de moins que ce que tu t'es engagé à faire.

- **Ne te plains jamais à personne de ta situation.** Sache que lorsque tu te plains, 90 % des gens se moquent complètement de ce qui t'arrive et les 10 % qui restent sont plutôt heureux de savoir que tu éprouves des problèmes.

- **Amuse-toi !** Affiche tes couleurs, déclare à tous tes intentions, ton engagement, la passion qui t'anime et l'enthousiasme qui te pousse à exceller dans tout ce que tu fais. Agis comme le capitaine de ton équipe !... Le porte-étendard de ton pays !

L'ESTIME DE SOI

- **La peur est souvent reliée à nos fausses croyances** par rapport à nos capacités, à nos valeurs et à ce que ça prend pour réussir. Ne t'en fais pas avec cela, tu as tout ce qu'il faut ! Il n'y a absolument rien qui t'empêche de te risquer toi aussi à la recherche d'une vie plus abondante et mieux comblée.

- **Ta force est intérieure**. Répète-toi souvent que tu es beaucoup plus fort que tu ne le laisses paraître. Tu peux venir à bout de difficultés que le commun des mortels n'aurait pas la force d'affronter.

- **Aie le courage de te remettre en question** : ce que tu es, ce que tu as appris, ce que tu attends de la vie, ce que tu veux, ce que tu souhaiterais réaliser. Réfléchis et agis en conséquence !

- **Pense à celui que tu veux devenir** et obstine-toi à maintenir cette image du gagnant que tu vois chaque jour dans tes rêves. Dis-toi toujours que tu es quelqu'un de spécial et que tu possèdes toutes les qualités nécessaires pour réaliser des projets grandioses.

- **Pardonne-toi tes erreurs et tes fautes** et oublie tes échecs le plus vite possible en prenant exemple sur les joueurs de football professionnels qui, malgré tout le talent qu'ils possèdent, font parfois de très mauvais jeux. Capables d'effectuer des attrapés spectaculaires, il leur arrive d'échapper une passe qu'un amateur aurait pu capter. Le mot d'ordre de toute l'équipe, c'est que tous les joueurs sont d'accord pour passer l'éponge sur le champ, évitant surtout de faire des reproches au joueur fautif.

- **Ton apparence projette une image** instantanée de ce que tu penses de toi-même. Sois toujours à ton meilleur en toutes circonstances. Ne te compare à personne. Pense plutôt à ce qui te rend unique et fixe toi-même les critères de développement de ta personnalité.

- **Ne sombre pas avec le navire**. Nous nous identifions trop souvent avec ce qui nous arrive. Rien n'est plus faux. Tu n'es pas ce qui t'arrive. Peu importe le résultat de tes efforts, garde toujours ta fierté et ton courage. N'oublie pas qu'on sort toujours grandi d'une épreuve.

LA CONFIANCE EN SOI

- **Entreprends chacune de tes actions avec confiance**. Investis toutes tes pensées dans cette certitude : rien, absolument rien, ne pourra détruire ta conviction de réaliser tes buts et ta résolution d'aller jusqu'au bout !

- **La réussite engendre la réussite**. Plus tu auras de petites réussites, plus tu gagneras en autonomie, plus tu te construiras une personnalité rayonnante, plus tu acquerras cette confiance, ce magnétisme qui t'aideront à te réaliser davantage et à réussir de plus grands projets.

- **Sois confiant face à un défi.** L'assurance de pouvoir réussir soulève l'enthousiasme et déclenche les forces nécessaires. Quand tu prends conscience que tout est possible et que si tu persistes, tu peux atteindre ton but, tu retrouves soudainement une source d'énergie que tu pensais avoir épuisée. C'est comme si le puits se remplissait tout d'un coup.

- **Si tu manques de confiance**, change le message dans ta tête. Fais-toi un slogan qui t'aidera à raviver ton niveau de vitalité et d'énergie : « *Je suis hyper-compétent et j'aime ce que je fais. J'attaque chaque journée avec passion et enthousiasme, toujours prêt à relever de nouveaux défis. Peu importe les circonstances, je me donne toujours* à *100 %* ». Écris-le dans tes mots. C'est de la dynamite !

LA MOTIVATION

- **Assure-toi d'avoir 100 bonnes raisons d'agir**. Si ce n'est déjà fait, fais l'exercice absolument. Pour gagner, il faut être motivé. Personne ne peut arrêter celui ou celle qui a 100 bonnes raisons de gagner !

- **Joue pour gagner !** Les gagnants sont passionnés par la vie et les objectifs qu'ils tentent d'accomplir. Passionne-toi pour ton projet. Ne crains pas de prendre des risques, d'imaginer de nouveaux moyens d'action, d'essayer une autre approche, une tactique innovatrice ou une stratégie audacieuse.

- **Prépare-toi mentalement** tous les matins à faire face à toute situation que la vie t'enverra. Fais ton exercice de cohérence cardiaque, prends quelques instants pour focaliser ton attention sur le moment présent, ce que plusieurs athlètes désignent par l'expression : « *Entrer dans sa bulle* » et prépare-toi à affronter tous les défis de façon que ceux-ci te trouvent dans un état de force, d'énergie, de pouvoir et de maîtrise de soi, plutôt que dans un moment d'inquiétude, de faiblesse ou d'absence de soi.

- **Associe-toi à des gagnants**. Le courage, l'audace, l'attitude positive et l'enthousiasme sont des qualités contagieuses.

L'ENGAGEMENT

- **Aie la sagesse de ne choisir qu'un seul projet** et de t'engager à 100 % dans sa réussite. Focalise toutes tes énergies, toutes tes pensées, toutes tes actions sur ce projet.

- **Sois exigeant envers toi-même**. Donne ton maximum tous les jours. Engage-toi à faire tout ce qu'il faut pour faire avancer ton projet, tel que tu l'as prévu dans ton plan d'action et surtout, n'hésite pas à en faire toujours un peu plus que ce que l'on attend de toi.

- **Engage-toi à faire de chaque journée une réussite**. Les perdants vivent dans le passé et les anxieux ne pensent qu'à l'avenir. Les gagnants investissent tous leurs efforts dans le seul moment où ils peuvent exercer un parfait contrôle : le bel aujourd'hui !

- **Apprends à dire non**. C'est souvent plus difficile que de dire oui. Si ce que l'on te demande n'a aucun rapport avec tes rêves, si cela exige du temps dont tu ne disposes pas, aie le courage de refuser.

LE POUVOIR DU RÊVE

- **Aie confiance en tes habiletés**. Rappelle-toi cependant que ce n'est pas ton talent qui importe le plus. C'est ta capacité de rêver et d'agir ! N'aie pas peur de faire de grands rêves. Des rêves magnifiques !... Et de t'engager à les réaliser !

- **Transforme ton rêve en projet**, et amuse-toi à lui donner vie. Mets toute ta créativité, ton imagination et ton savoir-faire à concevoir ton projet, et tous tes efforts et ta détermination à le concrétiser.

TON PLAN D'ACTION

- **Conçois ton plan d'action** en songeant à toutes les étapes nécessaires pour faire avancer ton projet et ensuite, passe à l'action. Pour assurer ta réussite, planifie chaque semaine à l'avance et chaque journée la veille.

- **Considère la réalisation de ton projet** comme une aventure. Sors de ta routine habituelle. Cesse de faire à répétition les mêmes tâches, les mêmes actions que tu as toujours faites. Certaines habitudes de travail datent de la préhistoire. Le neuf à cinq, c'est terminé ! Sers-toi de ton imagination pour créer un plan d'action où tous les moyens possibles seront explorés.

- **Révise souvent ton plan d'action**. Ne laisse rien au hasard. Choisis les activités qu'il te faut faire et soumets-toi à tes décisions. Exécute ton plan tant et aussi longtemps que tu croiras que c'est le meilleur et le seul plan qui puisse te mener à ton but.

- **Considère chacune de tes actions** comme un exercice que tu as choisi de faire et que tu dois faire absolument pour atteindre ton but. Qu'elles réussissent ou non n'est pas prioritaire. Ce qui importe, c'est que tu prennes l'habitude de faire les choses que les ratés ne font pas !

- **Fais chaque soir un bilan de ta journée.** Même si rien de positif n'est advenu, sois fier des efforts que tu as faits et des activités que tu as accomplies. C'est la somme de tout ce que tu fais quotidiennement qui va te permettre de récolter un jour le fruit de ton acharnement.

LA PERSISTANCE

- **Sois fort face aux épreuves**. Ne reste pas trop longtemps à considérer ton problème. Prends-en conscience, accepte-le et pense solution. Si tu crois que tu n'auras pas la force de supporter une épreuve, c'est sûrement que tu en as terriblement besoin pour grandir davantage.

- **Apprends à rester calme** et à garder ton sang-froid face aux ennuis. Un état de calme exprime la confiance et la certitude de réussir. Considère toute difficulté comme une indication de l'effort supplémentaire que tu dois faire pour t'en sortir.

- **Ne lâche pas** ! Les gagnants vont jusqu'au bout ! Peu importe la situation, engage-toi à faire en tout temps un effort soutenu et à poursuivre ton plan d'action avec courage, ténacité, persistance et détermination.

- **Si tu penses que tu es parvenu au sommet**, méfie-toi ! Ce n'est pas terminé. Il faut recommencer. Choisir un autre projet… et t'enthousiasmer pour celui-ci. Tu ne peux rester au même point : tu avances ou tu recules !

TON NIVEAU D'ÉNERGIE

- **Pour accroître ton énergie**, pense souvent à tes rêves et à tes raisons d'agir. Révise les grandes lignes de ton projet, passe en revue ton plan d'action et souviens-toi de ton engagement sans oublier, bien sûr, ton PROJET NUMÉRO UN. Si tu t'occupes bien de celui-ci, tu pourras y puiser toute l'énergie dont tu as besoin.

- **Accorde-toi du temps de repos.** Pense à refaire tes forces de temps à autre. Fais-toi un plan de mieux-être pour mieux gérer ton niveau de stress et ta condition physique. Pour gagner, il faut que tu sois fort physiquement et plus fort encore au niveau de ton mental.

- **Pense à te récompenser,** à t'offrir des moments de bonheur, de plaisir et de réjouissance. Pense à ce que tu aimes le plus dans la vie, aux personnes avec qui tu aimes passer de bons moments, aux façons de relaxer qui te procurent du bien-être, et réserve des périodes de temps à ton agenda pour ces moments de récupération qui te feront le plus grand bien.

LA DÉTERMINATION ET LA PERSÉVÉRANCE DE GABRIEL FILIPPI

En plus d'être un très bon ami, Gabriel est un athlète exceptionnel et accompli. Premier Québécois à avoir gravi le mont Everest sur deux versants différents, il s'est aussi inscrit à quelques compétitions d'*Ironman*. Pour les gens qui ne connaissent pas ce genre de compétition, soulignons que les athlètes doivent combiner trois types d'épreuves soit 3,8 km de natation, 180 km de vélo, et 42,2 km de course à pied. De quoi perdre quelques kilos en trop!

Blague à part, Gabriel est la preuve vivante qu'avec de la détermination et de la persévérance, la réussite est à la portée de tous. Malgré une feuille de route impressionnante, le fait d'armes de Gabriel, son Everest à lui, comme il se plaît à le dire, est d'avoir surmonté sa peur de l'eau. À deux moments différents de sa vie, il a failli se noyer et c'est ainsi qu'il a développé cette peur. Il pouvait à peine s'approcher d'un plan d'eau tellement sa phobie était omniprésente. De l'eau à la hauteur des chevilles me suffisait, m'a-t-il confié.

Un jour, en conférence, devant près de 700 personnes, il s'engagea à faire un premier *Ironman* et ce, sans savoir nager. Il demanda alors l'aide d'une coache pour lui apprendre la natation.

De fil en aiguille, il apprivoisa l'élément qu'il craignait le plus. Cependant, à un certain moment, il faillit tout abandonner. Sa coache lui demanda: *«Tu t'en vas à la maison?»* Gabriel lui répondit par l'affirmative. Elle lui dit alors: *«Quand tu arriveras chez toi, inscris dix choses positives qui te sont arrivées aujourd'hui »*. Il suivit son conseil et se rendit compte de toutes les choses qu'il avait améliorées. Il constata également tous les progrès qu'il avait accomplis pour recontacter l'énergie et la croyance qu'il pouvait surmonter sa peur. Ce moment fut déterminant pour la suite de son entraînement.

Lorsque nous croyons que nous pouvons relever un défi, nous entrons en contact avec notre puissance intérieure qui nous pousse à aller de l'avant. Et c'est le message que veut laisser Gabriel aux lecteurs et lectrices de ce livre : le pire obstacle que vous rencontrerez face à la réalisation de vos rêves, c'est vous! Mais c'est aussi à l'intérieur de vous que se trouvent les solutions. Bonne ascension!

www.gabrielfilippi.com

Je vous invite à nous rendre visite sur

www.lazonevente.com

Une bonne façon de garder le contact

et de vous tenir informé de nos activités

est de vous abonner gratuitement à mon Blogue

ainsi qu'au Bulletin mensuel

à l'intention des gestionnaires de vente.

Vos commentaires sont toujours les bienvenus !

Positivement vôtre,

Michel Bélanger